9791175191495
JN394660

2025년도 제36회 시험대비 THE LAST 모의고사

김덕수 민법·민사특별법

회차	문제수	시험과목
1회	40	민법·민사특별법

수험번호		성명	

【수험자 유의사항】

1. 시험문제지의 **총면수, 문제번호, 일련순서, 인쇄상태** 등을 확인하시고, 문제지 표지에 수험번호와 성명을 기재하시기 바랍니다.
2. 답은 각 문제마다 요구하는 **가장 적합하거나 가까운 답 1개**만 선택하고, 답안카드 작성 시 시험문제지 **마킹착오**로 인한 불이익은 전적으로 **수험자에게 책임**이 있음을 알려드립니다.
3. 답안카드는 국가전문자격 공통 표준형으로 문제번호가 1번부터 125번까지 인쇄되어 있습니다. 답안 마킹 시에는 반드시 **시험문제지의 문제번호와 동일한 번호**에 마킹하여야 합니다.
4. **감독위원의 지시에 불응하거나 시험시간 종료 후 답안카드를 제출하지 않을 경우** 불이익이 발생할 수 있음을 알려드립니다.
5. 시험문제지는 시험 종료 후 가져가시기 바랍니다.
6. 답안작성은 **시험시행일 현재 시행되는 법령 등**을 적용하시기 바랍니다.
7. 가답안 의견제시에 대한 개별회신 및 공고는 하지 않으며, **최종 정답 발표로 갈음**합니다.
8. 시험 중 **중간 퇴실은 불가**합니다. 단, 부득이하게 퇴실할 경우 **시험 포기각서 제출 후 퇴실은 가능**하나 **재입실이 불가**하며, **해당시험은 무효처리됩니다.**

박문각은 여러분의 제36회 공인중개사 시험 합격을 진심으로 응원합니다!

박문각 공인중개사

민법 및 민사특별법 중 부동산 중개에 관련되는 규정

1. 상대방 없는 단독행위에 해당하는 것은?
① 사기에 의한 매매계약의 취소
② 무권대리로 체결된 계약에 대한 본인의 추인
③ 점유취득시효완성자의 시효이익의 포기
④ 1인 설립자에 의한 재단법인 설립행위
⑤ 이행불능으로 인한 계약의 해제

2. 甲의 무권대리인 乙이 丙에게 甲 소유의 부동산을 매도하여 소유권이전등기를 경료해주었고, 그 후 丙은 이 부동산을 丁에게 매도하고 소유권이전등기를 경료해주었다. 이에 관한 설명으로 틀린 것은?(다툼이 있으면 판례에 따름)
① 丙이 계약 당시 乙에게 대리권이 없음을 안 경우, 丙은 乙에게 한 매수의 의사표시를 철회할 수 없다.
② 甲이 乙에게 추인의 의사를 표시한 경우, 추인 사실을 알게 된 丙은 乙에게 한 매수의 의사표시를 철회할 수 없다.
③ 丙은 甲에게 상당한 기간을 정하여 추인 여부의 확답을 최고할 수 있고, 그 기간 내에 甲이 확답을 발하지 않으면 추인을 거절한 것으로 본다.
④ 甲이 丁에게 추인의 의사를 표시하더라도 무권대리행위에 대한 추인의 효과가 발생하지 않는다.
⑤ 만약 乙이 제한능력자인 경우, 甲이 추인을 거절하더라도 乙은 丙에게 무권대리인의 책임을 부담하지 않는다.

3. 불공정한 법률행위에 관한 설명으로 옳은 것은?(다툼이 있으면 판례에 따름)
① 불공정한 법률행위로서 무효인 경우에도 추인하면 유효로 된다.
② 무경험은 거래일반에 대한 경험부족이 아니라 어느 특정영역에 있어서의 경험부족을 의미한다.
③ 급부 간 현저한 불균형이 있더라도 폭리자가 피해당사자 측의 사정을 알면서 이를 이용하려는 의사가 없다면 불공정한 법률행위가 아니다.
④ 불공정한 법률행위에 관한 규정은 부담 없는 증여의 경우에도 적용된다.
⑤ 대리인에 의한 법률행위의 경우, 궁박 상태에 있었는지 여부는 대리인을 기준으로 판단한다.

4. 대리에 관한 설명 중 옳은 것은?
① 대리인이 수인인 때에는 공동으로 본인을 대리하는 것이 원칙이다.
② 대리권이 존재하는 것은 분명하지만 그 범위가 불분명한 경우, 대리인은 보존행위만을 할 수 있다.
③ 임의대리의 원인된 법률관계가 종료하기 전에는 본인은 수권행위를 철회할 수 없다.
④ 대리인이 자신의 이익을 도모하기 위하여 대리권을 남용하는 경우는 무권대리에 해당한다.
⑤ 복대리인은 본인의 대리인이다.

5. 甲이 乙에게 X부동산을 허위표시로 매도하고 이전등기를 해 주었다. 이에 관한 설명으로 옳은 것을 모두 고른 것은? (다툼이 있으면 판례에 따름)

ㄱ. 乙명의로 등기된 X부동산을 가압류한 丙이 선의이지만 과실이 있는 경우, 甲은 丙에 대하여 가압류의 무효를 주장할 수 없다.
ㄴ. 乙과 X부동산에 대해 저당권설정계약을 체결하고 저당권설정등기를 한 丙이 선의인 경우, 甲은 乙에게 진정명의회복을 위한 소유권이전등기를 청구할 수 없다.
ㄷ. X부동산이 乙로부터 丙, 丙으로부터 丁에게 차례로 매도되어 각기 그 명의로 이전등기까지 된 경우, 丙이 악의이면 丁이 선의이더라도 甲은 丁명의 이전등기의 말소를 구할 수 있다.

① ㄱ ② ㄴ ③ ㄱ, ㄴ
④ ㄱ, ㄷ ⑤ ㄴ, ㄷ

6. 반사회질서의 법률행위에 관한 설명으로 틀린 것은?(다툼이 있으면 판례에 따름)
① 위약벌약정이 그 의무의 강제에 의하여 얻어지는 채권자의 이익에 비하여 과도하게 무거운 경우에는 반사회질서의 법률행위에 해당한다.
② 강제집행을 면할 목적으로 부동산에 허위의 근저당권설정등기를 경료하는 행위는 반사회질서의 법률행위에 해당하지 않는다.
③ 수사기관에서 허위진술의 대가를 지급하기로 한 약정은 그 대가가 적정하다면 반사회질서의 법률행위에 해당하지 않는다.
④ 보험사고를 가장하여 보험금을 부정취득할 목적으로 체결된 다수의 생명보험계약은 그 목적에 대한 보험자의 인식 여부를 불문하고 무효이다.
⑤ 반사회질서의 법률행위의 무효는 그 법률행위를 기초로 하여 새로운 이해관계를 맺은 선의의 제3자에 대해서도 주장할 수 있다.

7. 착오에 의한 의사표시에 관한 설명으로 틀린 것은?

① 부동산 매매계약에서 시가에 관한 착오는 원칙적으로 법률행위의 중요부분에 관한 착오가 아니다.
② 법률에 관한 착오는 그것이 법률행위 내용의 중요부분에 관한 것이라 하더라도 착오를 이유로 취소할 수 없다.
③ 표의자가 착오로 인하여 경제적인 불이익을 입은 것이 아니라면 이를 법률행위 내용의 중요부분의 착오라고 할 수 없다.
④ 표의자가 경과실로 인하여 착오에 빠져 법률행위를 하고 그 착오를 이유로 법률행위를 취소하는 것은 위법하다고 할 수 없다.
⑤ 제3자의 기망행위에 의해 표시상의 착오에 빠진 경우에 사기가 아닌 착오를 이유로 의사표시를 취소할 수 있다.

8. 사기·강박에 의한 의사표시에 관한 설명으로 옳은 것은? (다툼이 있으면 판례에 따름)

① 부작위에 의한 기망행위에서 고지의무는 조리상 일반원칙에 의해서는 인정될 수 없다.
② 제3자의 사기로 의사표시를 한 경우, 표의자는 상대방이 그 사실을 과실로 알지 못한 경우에는 취소할 수 없다.
③ 제3자에 의한 사기행위로 계약을 체결한 경우, 피해자는 그 계약을 취소하지 않아도 제3자에게 불법행위로 인한 손해배상을 청구할 수 있다.
④ 강박행위의 주체가 국가 공권력이고 그 공권력의 행사의 내용이 기본권을 침해하는 것이면 그 강박에 의한 의사표시는 당연히 무효가 된다.
⑤ 토지거래허가를 받지 않아 유동적 무효 상태에 있는 매매계약은 사기를 이유로 취소할 수 없다.

9. 조건에 관한 설명으로 옳은 것을 모두 고른 것은?(다툼이 있으면 판례에 따름)

ㄱ. 정지조건부 법률행위는 조건이 성취되면 법률행위를 한 때로부터 효력이 발생하는 것이 원칙이다.
ㄴ. 조건의 성취가 미정인 조건부 권리도 일반규정에 의하여 담보로 할 수도 있다.
ㄷ. 해제조건부 법률행위의 조건이 법률행위의 당시에 이미 성취할 수 없는 것인 경우에는 조건 없는 법률행위로 한다.
ㄹ. 조건부 법률행위에서 조건이 선량한 풍속에 위반되면 당사자의 의도를 살리기 위하여 그 조건만이 무효이고 법률행위는 유효한 것이 원칙이다.

① ㄱ, ㄴ   ② ㄴ, ㄷ   ③ ㄱ, ㄷ
④ ㄷ, ㄹ   ⑤ ㄴ, ㄹ

10. 무효와 취소에 관한 설명으로 옳은 것은?(다툼이 있으면 판례에 따름)

① 무효인 법률행위의 당사자가 그 무효임을 알고 추인한 때에는 새로운 법률행위로 본다.
② 강박에 의한 의사표시를 취소하여 무효가 된 법률행위는 그 무효원인이 종료하더라도 무효행위 추인의 요건에 따라 다시 추인할 수 없다.
③ 취소할 수 있는 미성년자의 법률행위를 친권자가 추인하는 경우, 그 취소의 원인이 소멸한 후에 하여야만 효력이 있다.
④ 취소할 수 있는 법률행위에서 취소권자의 상대방이 그 취소할 수 있는 행위로 취득한 권리를 양도하는 경우 법정추인이 된다.
⑤ 가분적 법률행위의 일부분에만 취소사유가 있는 경우 나머지 부분이라도 이를 유지하려는 당사자의 가정적 의사가 인정되더라도 그 일부만의 취소는 불가능하다.

11. 점유자와 회복자의 관계에 관한 설명으로 틀린 것은?(다툼이 있으면 판례에 따름)

① 선의의 점유자가 법률상 원인 없이 회복자의 건물을 점유·사용하고 이로 말미암아 회복자에게 손해를 입혔다면 그 점유·사용으로 인한 이득을 반환할 의무가 있다.
② 점유자가 과실을 취득하였다면 통상의 필요비는 청구할 수 없다.
③ 타인 소유물을 권원 없이 점유함으로써 얻은 사용이익을 반환하는 경우, 악의의 점유자는 사용이익뿐만 아니라 그 이자도 반환해야 한다.
④ 타주점유자가 그의 책임있는 사유로 점유물을 멸실 또는 훼손한 때에는 그가 선의로 점유했더라도 손해의 전부를 배상하여야 한다.
⑤ 점유물의 소유자가 변경된 경우, 점유자는 현재 소유자에게 비용의 상환을 청구해야 한다.

12. 甲, 乙, 丙이 각 3분의 1의 지분으로 X토지를 공유하고 있다. 이에 관한 설명으로 옳은 것을 모두 고른 것은?(다툼이 있으면 판례에 따름)

ㄱ. 甲이 단독으로 X토지를 丁에게 임대차한 경우, 임대차계약은 유효하다.
ㄴ. 丁이 X토지 전부를 불법점유하고 있는 경우, 甲은 丁에게 X토지 전부에 대한 손해배상을 청구할 수 없다.
ㄷ. 甲이 乙, 丙과 어떠한 합의도 없이 X토지 전부를 독점적으로 점유, 사용하고 있는 경우, 乙은 甲에게 공유물의 보존행위로서 X토지의 인도청구를 할 수 있다.

① ㄱ   ② ㄴ   ③ ㄱ, ㄴ
④ ㄴ, ㄷ   ⑤ ㄱ, ㄴ, ㄷ

13. 부동산매매계약으로 인한 등기청구권에 관한 설명으로 옳은 것을 모두 고른 것은?(다툼이 있으면 판례에 따름)

> ㄱ. 부동산 매수인이 목적 부동산을 인도받아 계속 점유하는 경우, 그 소유권이전등기청구권의 소멸시효는 진행되지 않는다.
> ㄴ. 부동산 매수인 甲이 목적 부동산을 인도받아 이를 사용·수익하다가 乙에게 그 부동산을 처분하고 그 점유를 승계하여 준 경우, 甲의 소유권이전등기청구권의 소멸시효는 진행되지 않는다.
> ㄷ. 부동산매매로 인한 소유권이전등기청구권은 특별한 사정이 없는 한 채무자의 동의 없이도 양도할 수 있다.

① ㄱ ② ㄷ ③ ㄱ, ㄴ ④ ㄴ, ㄷ ⑤ ㄱ, ㄴ, ㄷ

14. 물권적 청구권에 관한 설명으로 틀린 것은?(다툼이 있으면 판례에 따름)

① 지역권자는 지역권을 방해하는 자에 대하여 방해의 제거를 청구할 수 있다.
② 타인소유의 임야에 저당권을 취득한 자는 임야에서 수목을 불법으로 반출한 자를 상대로 자신에게 그 수목을 반환할 것을 청구할 수 없다.
③ 미등기건물을 매수한 사람은 소유권이전등기를 갖출 때까지 그 건물의 불법점유자에게 직접 자신의 소유권에 기하여 인도를 청구하지 못한다.
④ 소유자가 제3자에게 그 소유 물건에 대한 처분권한을 유효하게 수여하면 제3자의 처분이 없더라도 소유자는 그 제3자 이외의 자에 대해 소유권에 기한 물권적 청구권을 행사할 수 없다.
⑤ 부동산 매매계약의 합의해제에 따른 매도인의 원상회복청구권은 소유권에 기인한 물권적 청구권으로서 이는 소멸시효의 대상이 아니다.

15. 甲소유의 X토지에 대하여 乙이 점유취득시효를 완성하였으나 등기를 경료하지 않고 있는 경우에 관한 설명으로 틀린 것은?(다툼이 있으면 판례에 따름)

① 乙이 점유를 상실하더라도 乙의 甲에 대한 소유권이전등기청구권이 바로 소멸하는 것이 아니다.
② 乙의 甲에 대한 등기청구권은 통상의 채권양도법리에 따라 양도할 수 있다.
③ 乙의 시효완성 후 甲에 의하여 설정된 근저당권의 피담보채무를 乙이 변제한 경우, 乙은 甲에게 대위변제를 이유로 구상권을 행사할 수 없다.
④ 甲이 丙에게 X토지를 매도하여 이전등기를 마치면, 乙은 甲에 대한 시효취득의 효력을 丙에게 주장할 수 없다.
⑤ 甲이 乙로부터 이전등기청구를 받은 후 丙에게 X토지를 매도하여 이전등기를 경료해 준 경우, 乙은 甲에게 채무불이행책임을 물을 수 있다.

16. 甲은 자신의 X토지를 乙에게 매도하였고, 乙은 X토지를 丙에게 전매하였다. 다음 설명으로 틀린 것을 모두 고른 것은?(다툼이 있으면 판례에 따름)

> ㄱ. 甲, 乙, 丙 사이에 중간생략등기에 관한 합의가 없다면, 중간생략등기가 이루어져서 실체관계에 부합하더라도 그 등기는 무효이다.
> ㄴ. 甲, 乙, 丙 사이에 중간생략등기에 관한 합의가 있다면, 甲의 乙에 대한 소유권이전등기의무는 소멸한다.
> ㄷ. 甲, 乙, 丙 사이에 중간생략등기에 관한 합의가 있은 후 甲·乙 간의 특약으로 매매대금을 인상한 경우, 甲은 인상된 매매대금의 미지급을 이유로 丙에 대한 소유권이전등기의무의 이행을 거절할 수 있다.
> ㄹ. 만일 X토지가 토지거래허가구역 내의 토지로서 甲, 乙, 丙 사이에 중간생략등기에 관한 합의에 따라 전전매매된 것이라면, 丙은 甲에 대하여 직접 X토지에 관한 토지거래허가 신청절차의 협력의무 이행청구권이 있다.

① ㄱ, ㄴ ② ㄴ, ㄷ ③ ㄷ, ㄹ
④ ㄱ, ㄴ, ㄹ ⑤ ㄴ, ㄷ, ㄹ

17. 부동산등기에 관한 설명으로 옳은 것은?(다툼이 있으면 판례에 따름)

① 가등기된 권리의 이전등기는 가등기에 대한 부기등기의 형식으로 할 수 있다.
② 청구권보전을 위한 가등기에 기하여 본등기가 경료되면 본등기에 의한 물권변동의 효력은 가등기한 때로 소급하여 발생한다.
③ 근저당권등기가 원인 없이 말소된 경우, 그 회복등기가 마쳐지기 전에는 말소된 등기의 등기명의인은 적법한 권리자로 추정되지 않는다.
④ 기존건물이 전부 멸실된 후 그곳에 새로이 건축한 건물의 물권변동에 관한 등기를 위해 멸실된 건물의 등기를 유용할 수 있다.
⑤ 미등기건물의 원시취득자와 그 승계취득자 사이의 합의에 의하여 직접 승계취득자명의로 소유권보존등기를 한 경우, 그 등기는 무효이다.

18. 점유에 관한 설명으로 옳은 것은?(다툼이 있으면 판례에 따름)

① 점유자의 권리적법추정 규정은 특별한 사정이 없는 한 등기된 부동산에도 적용된다.
② 계약명의신탁약정에 따라 명의수탁자 명의로 등기된 부동산을 명의신탁자가 점유하는 경우, 특별한 사정이 없는 한 명의신탁자의 점유는 타주점유에 해당한다.
③ 미등기건물의 양수인은 그 건물에 대한 사실상의 처분권을 보유하더라도 건물부지를 점유하고 있다고 볼 수 없다.
④ 점유자의 점유가 자주점유인지 타주점유인지의 여부는 점유자의 내심의 의사에 의하여 결정된다.
⑤ 진정한 소유자가 점유자를 상대로 소유권이전등기의 말소청구소송을 제기하여 점유자의 패소가 확정된 경우, 그 소가 제기된 때부터 점유자의 점유는 타주점유로 전환된다.

19. 부동산에의 부합에 관한 설명으로 틀린 것은?(다툼이 있으면 판례에 따름)

① 타인의 토지 상에 권원 없이 식재한 수목의 소유권은 토지의 소유자에게 귀속한다.
② 증축 당시에는 독립성이 없었지만 그 후 구조의 변경 등으로 독립성을 취득하면 증축된 부분은 독립한 소유권의 객체가 될 수 있다.
③ 임차인이 임차한 건물에 그 권원에 의하여 증축을 한 경우, 증축된 부분이 독립성이 인정되면 증축된 부분은 독립한 소유권의 객체가 될 수 있다.
④ 토지의 사용대차권에 기하여 식재된 수목은 그 토지가 경매에 의하여 낙찰된 경우에도 그 낙찰인에게 귀속되지 않는다.
⑤ 건물의 증축부분이 기존건물에 부합된 경우에도 기존건물에 대한 경매절차에서 경매목적물로 평가되지 않았다면 경락인은 부합된 증축부분의 소유권을 취득할 수 없다.

20. 甲은 자신 소유의 X건물에 대하여 乙과 전세금 1억원으로 하는 전세권설정계약을 체결하고 乙명의로 전세권설정등기를 마쳐 주었다. 이에 관한 설명으로 옳은 것은?(다툼이 있으면 판례에 따름)

① 乙은 전세권 존속 중에 원칙적으로 甲의 동의 없이는 자신의 전세권을 제3자에게 양도할 수 없다.
② X건물의 대지도 甲의 소유인 경우, 대지소유권의 특별승계인 丙은 乙에 대하여 지상권을 설정한 것으로 본다.
③ 甲이 X건물의 소유를 목적으로 한 지상권을 가지고 있던 경우, 그 지상권에는 乙의 전세권의 효력이 미치지 않는다.
④ 甲에게 X건물의 소유를 위한 토지사용권이 없어 토지소유자가 X건물의 철거를 청구하는 경우, 乙은 자신의 전세권으로 그 철거청구에 대항할 수 있다.
⑤ 甲이 전세권 존속 중 X건물의 소유권을 丁에게 양도한 경우, 특별한 사정이 없는 한 乙에 대한 전세금반환의무는 丁이 부담한다.

21. 지상권에 관한 설명으로 틀린 것은?(다툼이 있으면 판례에 따름)

① 지상권 설정계약에서 지료의 지급에 대한 약정이 없더라도 지상권의 성립에는 영향이 없다.
② 지상권자는 지상권설정자의 동의 없이도 그 토지를 타인에게 임대할 수 있다.
③ 지상권자가 2년 이상 지료연체를 이유로 지상권소멸청구를 당한 경우에는 비록 지상물이 현존하더라도 지상권자에게 지상물매수청구는 허용되지 않는다.
④ 지상권은 지상물의 소유를 목적으로 토지를 사용하는 권리이므로, 지상권자는 지상권을 유보한 채 지상물 소유권만을 양도할 수 없다.
⑤ 지상권의 지료지급 연체가 토지소유권의 양도 전후에 걸쳐 이루어진 경우, 토지양수인에 대한 연체기간이 2년 이상이면 토지양수인은 지상권의 소멸을 청구할 수 있다.

22. 지역권에 관한 설명으로 옳은 것을 모두 고른 것은?(다툼이 있으면 판례에 따름)

> ㄱ. 1필의 토지 일부에 지역권을 설정할 수 있다.
> ㄴ. 점유로 인한 지역권취득기간의 중단은 지역권을 행사하는 모든 공유자에 대한 사유가 아니면 그 효력이 없다.
> ㄷ. 지역권은 요역지와 분리하여 이를 양도하거나 다른 권리의 목적으로 하지 못한다.
> ㄹ. 요역지가 공유인 경우 요역지의 공유자 1인이 지역권을 취득하면 다른 공유자도 이를 취득한다.

① ㄱ, ㄴ   ② ㄴ, ㄷ   ③ ㄷ, ㄹ
④ ㄱ, ㄷ, ㄹ   ⑤ ㄱ, ㄴ, ㄷ, ㄹ

23. 저당권에 관한 설명으로 틀린 것은?(다툼이 있으면 판례에 따름)

① 저당권은 그 담보한 채권과 분리하여 타인에게 양도하거나 다른 채권의 담보로 하지 못한다.
② 저당물의 제3취득자가 유익비를 지출한 경우, 그 비용을 저당물의 매각대금에서 우선적으로 상환 받을 수 있다.
③ 특별한 사정이 없는 한 건물에 대한 저당권의 효력은 그 건물에 종된 권리인 건물의 소유를 목적으로 하는 지상권에도 미친다.
④ 저당권이 설정된 토지가 공익사업을 위한 토지 등의 취득 및 보상에 관한 법률에 따라 협의취득된 경우, 저당권자는 그 보상금에 대하여 물상대위권을 행사할 수 없다.
⑤ 저당목적물의 변형물인 물건에 대하여 이미 제3자가 압류하여 그 물건이 특정된 경우에도 저당권자는 스스로 이를 압류하여야 물상대위권을 행사할 수 있다.

24. 甲은 乙로부터 돈을 빌리면서 자기 소유의 X토지에 1번 근저당권(채권최고액 5억원)을 설정해 주었고, 甲은 다시 丙으로부터 돈을 빌리면서 X토지에 2번 근저당권(채권최고액 3억원)을 설정해 주었다. 이에 관한 설명으로 옳은 것을 모두 고른 것은?(다툼이 있으면 판례에 따름)

> ㄱ. 丙이 경매를 신청한 때에는 경매신청시에 乙의 피담보채권이 확정된다.
> ㄴ. 乙이 경매를 신청하여 피담보채권의 원본채권이 4억원으로 확정되었더라도 이 4억원에 대한 확정 후 발생한 이자 1천만원은 근저당권에 의해 담보된다.
> ㄷ. 丁이 X토지를 매수하여 소유권을 취득한 경우, 丙의 확정된 피담보채권이 4억원이면 丁은 4억원을 변제하지 않는 한 丙의 근저당권의 소멸을 청구할 수 없다.

① ㄱ   ② ㄴ   ③ ㄱ, ㄴ
④ ㄱ, ㄷ   ⑤ ㄴ, ㄷ

25. 유치권에 관한 설명으로 옳은 것은?(다툼이 있으면 판례에 따름)

① 유치권배제특약이 있는 경우, 유치권이 발생하지 않으나 이는 유치권배제특약을 한 당사자 사이에서만 주장할 수 있다.
② 유치물이 분할가능한 경우, 유치권자가 피담보채권의 일부를 변제받았다면 유치물 전부에 대하여 유치권을 행사할 수 없다.
③ 수급인이 자신의 노력과 재료를 들여 신축한 건물에 대한 소유권을 원시취득한 경우, 수급인은 공사대금을 지급받을 때까지 유치권을 행사할 수 있다.
④ 건물임차인은 권리금반환청구권에 기하여 임차건물에 대하여 유치권을 주장할 수 없다.
⑤ 채권자가 채무자를 직접점유자로 하여 간접점유하는 경우, 채권자의 점유는 유치권의 요건으로서 점유에 해당한다.

26. 계약의 유형에 관한 설명으로 틀린 것은?

① 매매계약은 쌍무계약이다.
② 교환계약은 요물계약이다.
③ 쌍무계약은 유상계약이다.
④ 증여계약은 낙성계약이다.
⑤ 사용대차계약은 편무계약이다.

27. 甲은 乙에게 자신의 아파트를 매도하면서 매매대금은 乙이 직접 甲의 채권자인 丙에게 지급하기로 약정하였다. 丙의 수익의 의사표시 이후의 법률관계에 관한 설명으로 옳은 것을 모두 고른 것은?(다툼이 있으면 판례에 따름)

> ㄱ. 甲과 乙이 매매대금을 감액하기로 합의하였더라도 그 효력은 丙에게 미치지 아니한다.
> ㄴ. 甲이 乙의 사기를 이유로 매매계약을 취소한 경우, 丙이 이러한 사실을 몰랐다면 丙에게 대항할 수 없다.
> ㄷ. 丙이 乙에 대하여 매매대금의 지급을 청구한 경우, 乙은 甲이 아직 위 토지의 소유권을 이전하여 주지 않았음을 이유로 매매대금의 지급을 거절할 수는 없다.
> ㄹ. 乙이 丙에 대한 대금지급의무를 지체하더라도 이를 이유로 丙이 매매계약을 해제할 수 없다.

① ㄱ, ㄴ   ② ㄴ, ㄷ   ③ ㄷ, ㄹ
④ ㄱ, ㄹ   ⑤ ㄴ, ㄹ

28. 불능에 관한 설명으로 틀린 것은?

① 목적이 불능인 계약을 체결할 때에 그 불능을 알 수 있었을 자는 상대방이 그 불능을 알 수 있었더라도 상대방에게 신뢰이익을 배상하여야 한다.
② 채무자의 책임 있는 사유로 후발적 이행불능이 된 경우, 채권자는 최고 없이 계약을 해제할 수 있다.
③ 채무자의 책임 있는 사유로 후발적 불능이 발생한 경우, 채권자는 그로 인해 발생한 손해의 배상을 청구할 수 있다.
④ 쌍방의 귀책사유 없이 후발적 불능이 발생한 경우에는 채무자가 그 위험을 부담한다.
⑤ 채권자의 수령지체 중에 당사자 쌍방의 책임 없는 사유로 채무자의 이행이 불능이 된 경우, 채무자는 채권자에게 이행을 청구할 수 있다.

29. 다음 중 담보책임으로 악의의 매수인에게 손해배상청구권이 인정되는 경우는?

① 매매목적인 소유권의 전부가 계약당사자가 아닌 제3자에게 속한 경우
② 매매목적인 소유권의 일부가 계약당사자가 아닌 제3자에게 속한 경우
③ 수량을 지정해서 매매하였으나 수량이 부족한 경우
④ 토지 1필을 매매하기로 하였는데, 이미 대항력이 있는 임차권이 존재하는 경우
⑤ 계약 당시 제3자 명의로 저당권등기가 경료되어 있었는데, 그 후 경매로 매수인이 소유권을 상실한 경우

30. 해약금에 의하여 계약을 해제하는 경우에 관한 설명으로 틀린 것은?(다툼이 있으면 판례에 따름)

① 계약당사자가 계약금에 기한 해제권을 배제하기로 하는 약정을 하였다면, 각 당사자는 해제권을 행사할 수 없다.
② 계약금의 일부만 지급된 경우, 수령자는 실제 지급된 계약금의 배액을 상환하고 계약을 해제할 수 없다.
③ 매수인이 자신이 지급한 계약금을 포기하고 계약을 해제하기 전에, 매도인이 매수인에 대하여 매매계약의 이행을 최고하고 매매잔대금의 지급을 구하는 소송을 제기하였다면 이는 이행에 착수한 것으로 보아야 한다.
④ 계약당사자 일방이 채무의 이행기 전에 이미 채무의 이행에 착수하였다면 특별한 사정이 없는 한 계약당사자는 해제권을 행사할 수 없다.
⑤ 토지거래허가구역 내의 토지에 관한 매매계약의 당사자가 토지거래허가신청절차의 협력의무를 이행하여 관할관청으로부터 거래허가를 받았더라도, 그러한 사정만으로는 아직 이행의 착수가 있다고 볼 수 없다.

31. 乙은 건물 소유를 목적으로 甲 소유 X토지를 10년간 월차임 2백만원에 임차한 후, X토지에 Y건물을 신축하여 자신의 명의로 보존등기를 마쳤다. 이에 관한 설명으로 틀린 것은?(다툼이 있으면 판례에 따름)

① 甲은 다른 약정이 없는 한 임대기간 중 X토지를 사용, 수익에 필요한 상태로 유지할 의무를 부담한다.
② 甲이 X토지의 보존을 위한 행위를 하는 경우, 乙은 특별한 사정이 없는 한 이를 거절하지 못한다.
③ 乙이 6백만원의 차임을 연체하고 있는 경우에 甲은 임대차계약을 해지할 수 있다.
④ 甲이 변제기를 경과한 후 최후 2년의 차임채권에 의하여 Y건물을 압류할 때에는 저당권과 동일한 효력이 있다.
⑤ X토지에 대한 임차권등기를 하지 않았다면 특별한 사정이 없는 한 乙은 X토지에 대한 임차권으로 제3자에게 대항하지 못한다.

32. 건물임차인 乙이 임대인 甲의 동의를 얻어 丙에게 전대하였다. 다음 중 틀린 것을 모두 고른 것은?(다툼이 있으면 판례에 따름)

ㄱ. 甲과 乙의 합의해지로 임대차계약이 종료된 경우, 丙의 전차권은 소멸한다.
ㄴ. 丙이 甲의 동의를 얻어 부속한 물건이 있는 때에는 전대차종료시에 甲에 대하여 부속물매수청구를 할 수 있다.
ㄷ. 임대차와 전대차가 모두 종료한 경우, 丙이 甲에게 직접 건물을 반환하면 乙에 대한 건물반환의무를 면한다.

① ㄱ ② ㄴ ③ ㄷ ④ ㄱ, ㄴ ⑤ ㄴ, ㄷ

33. 매도인 甲과 매수인 乙은 X토지를 1억원에 매매하기로 합의하였고, 乙은 甲에 대하여 1억원의 대여금채권을 가지고 있다. 다음 설명 중 옳은 것은?

① 甲은 동시이행항변권이 있는 매매대금채권을 가지고 乙의 대여금채권과 상계할 수 있다.
② 甲이 이행제공을 함으로써 乙이 수령지체에 빠진 경우, 후에 甲이 재차 이행제공 없이 乙에게 대금지급을 청구하더라도 乙은 동시이행항변권을 행사할 수 없다.
③ 甲의 소유권이전의무와 동시이행관계에 있는 매매대금채권에 관하여 甲의 채권자 丙이 압류 및 추심명령을 받은 경우, 乙은 丙에게 동시이행항변권을 행사할 수 있다.
④ 甲이 乙을 상대로 대금지급청구의 소를 제기하였고 이에 대하여 乙이 동시이행항변권을 주장하면 법원은 원고 패소를 선고하여야 한다.
⑤ 만일 甲이 소유권이전에 관하여 선이행의무를 부담하는 경우, 乙의 변제기가 도래하더라도 甲은 동시이행항변권을 행사할 수 없다.

34. 계약해제에 관한 설명으로 틀린 것은?(다툼이 있으면 판례에 따름)

① 계약이 해제된 경우, 금전을 수령한 매도인은 해제한 날부터 이자를 가산하여 매수인에게 반환하여야 한다.
② 이행거절로 인한 계약해제의 경우, 해제권자는 상대방에게 최고 및 동시이행관계에 있는 자기채무의 이행을 제공할 필요가 없다.
③ 하나의 계약에서 일방이 수인(數人)인 경우에 상대방은 그 수인 모두에게 해제의 의사표시를 하여야 한다.
④ 매매계약이 해제되기 전에 매수인과 매매예약 체결 후 그에 기한 소유권이전등기청구권 보전을 위한 가등기를 마친 자는 해제시 보호받는 제3자에 해당한다.
⑤ 해제로 인해 소멸되는 계약상의 채권을 해제 이전에 양수한 자는 해제시 보호받는 제3자에 해당하지 않는다.

35. 집합건물의 소유 및 관리에 관한 법률에 관한 설명으로 틀린 것은?(다툼이 있으면 판례에 따름)

① 집합건축물대장에 등록되지 않더라도 구분소유가 성립할 수 있다.
② 관리인은 구분소유자가 아니더라도 무방하다.
③ 공용부분의 사용과 비용부담은 전유부분의 지분비율에 따른다.
④ 전유부분에 관한 담보책임의 존속기간은 구분소유자에게 인도한 날로부터 기산한다.
⑤ 구분소유자는 규약 또는 공정증서로써 달리 정하지 않는 한 그가 가지는 전유부분과 분리하여 대지사용권을 처분할 수 없다.

36. 가등기담보 등에 관한 법률에 관한 설명 중 틀린 것은? (다툼이 있으면 판례에 따름)

① 매매대금의 지급을 담보하기 위하여 가등기를 한 경우에는 동법은 적용되지 않는다.
② 청산금의 평가액을 통지한 채권자는 그가 통지한 청산금의 금액에 관하여 다툴 수 없다.
③ 실행통지 당시 담보물의 평가액이 피담보채권액에 미달하는 경우에는 가등기담보권자는 실행통지를 할 필요가 없다.
④ 가등기담보를 마친 부동산에 대하여 강제경매 등이 행하여진 경우, 가등기담보권은 그 부동산의 매각에 의하여 소멸한다.
⑤ 채무자가 피담보채무의 이행지체에 빠진 경우, 양도담보권자는 채무자로부터 적법하게 목적 부동산의 점유를 이전받은 제3자에 대하여 직접 소유권에 기한 인도청구를 할 수 없다.

37. 乙은 甲으로부터 2025년 1월 5일 甲소유의 X토지를 매수하는 계약을 체결하면서 재산상황을 은폐하기 위하여 X토지에 대한 소유권이전등기를 여자친구 丙명의로 하기로 丙과 명의신탁약정을 하였다. 그 후 甲은 乙의 부탁대로 丙명의로 소유권이전등기를 해 주었다. 다음 설명으로 옳은 것을 모두 고른 것은?(다툼이 있으면 판례에 따름)

> ㄱ. 乙은 丙에게 X토지에 대한 진정명의회복을 원인으로 한 소유권이전등기를 청구할 수 없다.
> ㄴ. 丁이 명의신탁 사실을 알고 丙으로부터 X토지를 매수하고 소유권이전등기를 한 경우, 丁은 원칙적으로 소유권을 취득하지 못한다.
> ㄷ. 乙이 丙과 혼인한 경우, 법령상 제한의 회피를 목적으로 한 것이 아니라면 혼인 후부터 대외적 소유자는 丙이다.

① ㄱ　　② ㄴ　　③ ㄷ
④ ㄱ, ㄴ　　⑤ ㄱ, ㄷ

38. 주택임대차보호법에 관한 설명 중 틀린 것은?(다툼이 있으면 판례에 따름)

① 기간약정이 없는 경우, 기간은 2년으로 본다.
② 법정갱신된 경우, 임대인은 언제든지 해지통고를 할 수 있다.
③ 보증금의 우선변제권이 인정되기 위해서는 대항력 및 확정일자를 갖추어야 한다.
④ 임차인이 2기의 차임액에 달하도록 차임을 연체한 경우에는 법정갱신은 인정되지 않는다.
⑤ 임대차가 종료한 경우에도 임차인이 보증금을 반환받을 때까지는 임대차관계는 존속하는 것으로 본다.

39. 甲은 乙에 대한 1억원의 채권을 담보하기 위해 乙 소유의 X주택에 저당권설정등기를 마쳤다. 그 후 丙은 2017. 10. 1. X주택을 보증금 2억원에 임차하여 인도받고, 전입신고를 마친 후 2019. 2. 16. 현재까지 살고 있다. 2018. 1. 10. 丁이 乙에 대한 8,000만원의 채권으로 X주택을 가압류하였고, 2018. 4. 10. 戊는 乙에 대한 1억원의 채권을 담보하기 위해 X주택에 저당권설정등기를 마쳤다. 2019. 2. 16. X주택은 戊의 저당권실행을 위한 경매로 A에게 매각되었으며, 배당할 금액은 2억 5,000만원이다. 이에 관한 설명으로 옳은 것은?(다툼이 있으면 판례에 따름)

① A는 임대인 乙의 지위를 승계한 것으로 본다.
② 저당권자는 가압류채권자에 우선하므로, 戊는 丁에 우선하여 변제받을 수 있다.
③ 丙이 임대차계약서상에 확정일자를 받았다면, 丙은 甲에 우선하여 보증금 전액에 대해 우선변제를 받을 수 있다.
④ 경매로 인해 丙의 임차권은 소멸하기 때문에 丙은 A에게 주택을 인도하여야 한다.
⑤ 丙이 적법하게 배당요구를 하였다면 배당받을 수 있었던 금액이 丙의 적법한 배당요구가 없어서 丁과 戊에게 배당된 경우, 丙은 丁과 戊에게 부당이득반환을 청구할 수 있다.

40. 상가건물 임대차보호법이 적용되는 상가건물의 임대차에 관한 설명 중 옳은 것은?(다툼이 있으면 판례에 따름)

① 임차인이 대항력을 갖추기 위해서는 임대차계약서상의 확정일자를 받아야 한다.
② 상가임차인이 임차건물에 대해 보증금반환청구소송의 확정판결에 기한 경매를 신청한 경우에 반대의무의 이행을 집행개시요건으로 하지 아니한다.
③ 상가건물의 인도와 사업자등록의 요건을 구비한 임차인이 폐업신고를 하였다가 다시 같은 상호 및 등록번호로 사업자등록을 하였다면, 처음의 대항력이 그대로 유지된다.
④ 임차인의 차임연체액이 2기의 차임액에 달하는 때에는 임대인은 계약을 해지할 수 있다.
⑤ 임차권등기명령에 의한 임차권등기가 된 상가건물을 그 등기 후에 임차한 임차인은 건물의 매각대금에서 소액보증금 중 일정액에 대해 최우선변제를 받을 수 있다.

2025년도 제36회 시험대비 THE LAST 모의고사
김덕수 민법·민사특별법

회차	문제수	시험과목
2회	40	민법·민사특별법

| 수험번호 | | 성명 | |

【수험자 유의사항】

1. 시험문제지의 **총면수, 문제번호, 일련순서, 인쇄상태** 등을 확인하시고, 문제지 표지에 수험번호와 성명을 기재하시기 바랍니다.

2. 답은 각 문제마다 요구하는 **가장 적합하거나 가까운 답 1개**만 선택하고, 답안카드 작성 시 시험문제지 **마킹착오**로 인한 불이익은 전적으로 **수험자에게 책임**이 있음을 알려드립니다.

3. 답안카드는 국가전문자격 공통 표준형으로 문제번호가 1번부터 125번까지 인쇄되어 있습니다. 답안 마킹 시에는 반드시 **시험문제지의 문제번호와 동일한 번호**에 마킹하여야 합니다.

4. **감독위원의 지시에 불응하거나 시험시간 종료 후 답안카드를 제출하지 않을 경우** 불이익이 발생할 수 있음을 알려드립니다.

5. 시험문제지는 시험 종료 후 가져가시기 바랍니다.

6. 답안작성은 **시험시행일 현재 시행되는 법령** 등을 적용하시기 바랍니다.

7. 가답안 의견제시에 대한 개별회신 및 공고는 하지 않으며, **최종 정답 발표로 갈음**합니다.

8. 시험 중 **중간 퇴실은 불가**합니다. 단, 부득이하게 퇴실할 경우 **시험 포기각서 제출 후 퇴실은 가능**하나 **재입실이 불가**하며, **해당시험은 무효처리됩니다.**

박문각은 여러분의 제36회 공인중개사 시험 합격을 진심으로 응원합니다!

민법 및 민사특별법 중 부동산 중개에 관련되는 규정

1. 甲이 자신의 X건물을 乙에게 매도하는 계약을 체결하고 계약금 및 중도금을 수령하였으나 아직 소유권이전등기를 마쳐주지 않았다. 이러한 사실을 알고 있는 丙이 甲의 배임행위에 적극적으로 가담하여 甲으로부터 X건물을 매수하고 소유권이전등기를 경료받았다. 이에 관한 설명으로 옳은 것을 모두 고른 것은?(다툼이 있으면 판례에 따름)

> ㄱ. 乙은 甲을 대위함이 없이 직접 丙에 대하여 그 소유권이전등기의 말소를 청구할 수 없다.
> ㄴ. 乙은 甲에 대한 소유권이전등기청구권을 보전하기 위하여 甲과 丙 사이의 매매계약에 대하여 채권자취소권을 행사할 수 있다.
> ㄷ. 丁이 丙을 소유권자로 믿고 丙으로부터 X건물을 매수하여 소유권이전등기를 마친 경우, 丁은 甲과 丙 사이의 매매계약의 유효를 주장할 수 있다.

① ㄱ ② ㄷ ③ ㄱ, ㄴ ④ ㄴ, ㄷ ⑤ ㄱ, ㄴ, ㄷ

2. 통정허위표시의 무효로 대항할 수 없는 선의의 제3자에 관한 설명으로 옳은 것은?(다툼이 있으면 판례에 따름)

① 가장근저당권설정계약이 유효하다고 믿고 그 피담보채권을 가압류한 자는 선의의 제3자로 보호될 수 없다.
② 대리인이 상대방과 통정허위표시를 한 경우, 본인이 선의라면 특별한 사정이 없는 한 그는 허위표시의 유효를 주장할 수 있다.
③ 가장소비대차의 계약상 지위를 선의로 이전받은 자는 선의의 제3자로 보호될 수 없다.
④ 자신의 채권을 보전하기 위해 가장양도인의 가장양수인에 대한 권리를 선의로 대위행사하는 채권자는 선의의 제3자로 보호될 수 있다.
⑤ 파산채권자 중 일부라도 악의라면 파산관재인은 선의의 제3자라고 할 수 없다.

3. 착오에 관한 설명으로 틀린 것은?(다툼이 있으면 판례에 따름)

① 대리인에 의한 의사표시의 경우, 착오의 유무는 대리인을 표준으로 결정한다.
② 상대방에 의해 유발된 동기의 착오는 동기가 표시되지 않았더라도 중요부분의 착오가 될 수 있다.
③ 상대방이 표의자의 진의에 동의한 경우 표의자는 착오를 이유로 의사표시를 취소할 수 없다.
④ 매매계약 내용의 중요부분에 착오가 있는 경우, 매수인은 매도인의 하자담보책임이 성립하는지와 상관없이 착오를 이유로 매매계약을 취소할 수 있다.
⑤ 매도인이 매매계약을 적법하게 해제한 후 매수인은 착오를 이유로 매매계약을 취소할 수 없다.

4. 법률행위의 취소에 관한 설명으로 틀린 것은?

① 미성년자가 한 법률행위는 그가 단독으로 유효하게 취소할 수 있다.
② 미성년자가 동의 없이 단독으로 한 법률행위를 그 법정대리인이 추인하는 경우, 그 추인은 취소의 원인이 소멸한 후에 하여야만 효력이 있다.
③ 취소된 법률행위는 원칙적으로 처음부터 무효인 것으로 본다.
④ 제한능력자가 제한능력을 이유로 법률행위를 취소한 경우, 그 행위로 인하여 받은 이익이 현존하는 한도에서 상환할 책임이 있다.
⑤ 취소권은 추인할 수 있는 날로부터 3년 내에, 법률행위를 한 날로부터 10년 내에 행사하여야 한다.

5. 상대방 있는 의사표시의 효력발생에 관한 설명으로 틀린 것은?(다툼이 있으면 판례에 따름)

① 의사표시의 도달은 표의자의 상대방이 이를 현실적으로 수령하거나 그 통지의 내용을 알았을 것을 요한다.
② 제한능력자는 원칙적으로 의사표시의 수령무능력자이다.
③ 표의자가 그 통지를 발송한 후 사망하거나 제한능력자가 되어도 의사표시의 효력에 영향을 미치지 아니한다.
④ 보통우편의 방법으로 발송되었다는 사실만으로는 그 우편물이 상당한 기간 내에 도달하였다고 추정할 수 없다.
⑤ 표의자가 과실 없이 상대방의 소재를 알지 못하는 경우, 의사표시는 민사소송법 공시송달의 규정에 의하여 송달할 수 있다.

6. 표현대리에 관한 설명으로 틀린 것은?(다툼이 있으면 판례에 따름)

① 대리인이 사자(使者)를 통해 권한 외의 대리행위를 한 경우에도 권한을 넘은 표현대리가 성립할 수 있다.
② 등기신청대리권을 기본대리권으로 하여 사법상의 법률행위를 한 경우에도 권한을 넘은 표현대리가 성립할 수 있다.
③ 사실혼관계에 있는 부부의 경우, 일상가사대리권을 기본대리권으로 하는 권한을 넘은 표현대리가 성립할 수 있다.
④ 표현대리가 성립하는 경우, 상대방에게 과실이 있다면 과실상계의 법리가 유추적용되어 본인의 책임이 경감될 수 있다.
⑤ 상대방의 유권대리에 관한 주장 속에는 표현대리의 주장이 포함되어 있다고 볼 수 없다.

7. 불공정한 법률행위에 관한 설명으로 옳은 것을 모두 고른 것은?(다툼이 있으면 판례에 따름)

> ㄱ. 불공정한 법률행위에도 무효행위 전환의 법리가 적용될 수 있다.
> ㄴ. 경매에서 경매부동산의 매각대금이 시가에 비하여 현저히 저렴한 경우, 불공정한 법률행위에 해당하여 무효이다.
> ㄷ. 법률행위가 현저하게 공정을 잃은 경우, 특별한 사정이 없는 한 그 법률행위는 궁박·경솔·무경험으로 인해 이루어진 것으로 추정된다.

① ㄱ   ② ㄴ   ③ ㄱ, ㄴ   ④ ㄴ, ㄷ   ⑤ ㄱ, ㄴ, ㄷ

8. 甲이 乙에게는 자신의 부동산을 매도할 권한을, 丙에게는 다른 사람으로부터 부동산을 매수할 권한을 각기 부여하였다. 그에 따라 甲을 대리하여 乙은 丁과 매도계약을, 丙은 戊와 매수계약을 각기 체결한 경우, 이에 관한 설명으로 옳은 것을 모두 고른 것은?(다툼이 있으면 판례에 따름)

> ㄱ. 乙은 위 매매계약에 따라 丁이 지급하는 중도금이나 잔금을 甲을 대리하여 수령할 권한이 있다.
> ㄴ. 丁이 채무불이행을 이유로 위 매매계약을 적법하게 해제한 경우, 乙이 丁으로부터 받은 계약금을 도난당하여 甲에게 전달하지 못하였더라도 甲은 계약금을 반환해줄 의무가 있다.
> ㄷ. 戊가 위 매매계약의 채무를 이행하지 않는 경우, 乙은 그 계약을 해제할 수 있는 권한이 있다.

① ㄱ   ② ㄱ, ㄴ   ③ ㄷ   ④ ㄴ, ㄷ   ⑤ ㄱ, ㄴ, ㄷ

9. 甲은 토지거래허가구역 내에 있는 그 소유의 X토지에 대하여 토지거래허가를 받을 것을 전제로 乙과 매매계약을 체결하였다. 이에 관한 설명으로 틀린 것은?(다툼이 있으면 판례에 따름)

① 甲이 허가신청절차에 협력하지 않으면 乙은 甲에 대하여 협력의무의 이행을 소구할 수 있다.
② 甲이 허가신청절차에 협력할 의무를 이행하지 않더라도 특별한 사정이 없는 한 乙은 이를 이유로 계약을 해제할 수 없다.
③ 유동적 무효인 상태에서 乙은 甲에게 이미 지급한 계약금을 부당이득으로 반환청구할 수 없다.
④ 매매계약이 乙의 사기에 의해 체결된 경우, 甲은 토지거래허가를 신청하기 전에 사기를 이유로 계약을 취소함으로써 허가신청절차의 협력의무를 면할 수 있다.
⑤ X토지가 중간생략등기의 합의에 따라 乙로부터 丙에게 허가 없이 전매된 경우, 丙은 甲에 대하여 직접 허가신청절차의 협력의무 이행청구권을 가진다.

10. 법률행위의 조건과 기한에 관한 설명으로 옳은 것은?(다툼이 있으면 판례에 따름)

① 정지조건이 법률행위 당시 이미 성취된 경우에는 그 법률행위는 무효이다.
② 당사자가 조건성취의 효력을 그 성취 전에 소급하게 할 의사를 표시한 경우, 그 의사표시는 무효이다.
③ 기한은 특별한 사정이 없는 한 채권자의 이익을 위한 것으로 추정한다.
④ 기한이익 상실의 약정은 특별한 사정이 없으면 정지조건부 기한이익 상실의 약정으로 추정한다.
⑤ 불확정한 사실의 발생을 기한으로 한 경우, 특별한 사정이 없는 한 그 사실의 발생이 불가능한 것으로 확정된 때에도 기한이 도래한 것으로 본다.

11. 물권에 관한 설명으로 틀린 것은?(다툼이 있으면 판례에 따름)

① 토지의 일부에는 저당권을 설정할 수 없다.
② 1필 토지의 일부도 점유취득시효의 대상이 될 수 있다.
③ 부속건물로 등기된 창고건물은 분할등기 없이 원채인 주택과 분리하여 경매로 매각될 수 있다.
④ 1필의 토지의 일부는 분할절차를 거치지 않고 용익물권의 객체가 될 수 있다.
⑤ 적법한 분할절차를 거치지 않은 채 토지 중 일부 만에 관하여 소유권보존등기를 할 수 없다.

12. 부동산물권변동에 관한 설명으로 틀린 것은?(다툼이 있으면 판례에 따름)

① 미등기부동산에 대하여 점유취득시효가 완성된 경우, 시효완성자는 등기를 해야 부동산의 소유권을 취득한다.
② 취득시효에 의한 소유권취득의 효력은 점유를 개시한 때로 소급한다.
③ 부동산에 대한 합유지분의 포기는 형성권의 행사이므로 등기하지 않더라도 포기의 효력이 생긴다.
④ 등기를 요하지 않는 물권취득의 원인인 판결이란 형성판결을 의미한다.
⑤ 공유물분할의 조정절차에서 협의에 의하여 조정조서가 작성되더라도 그 즉시 공유관계가 소멸하지는 않는다.

13. 점유에 관한 설명으로 틀린 것은?(다툼이 있으면 판례에 따름)

① 점유매개자의 점유를 통한 간접점유에 의해서도 점유에 의한 시효취득이 가능하다.
② 사기의 의사표시에 의해 건물을 명도해 준 자는 점유회수의 소권을 행사할 수 없다.
③ 국가나 지방자치단체가 부동산을 점유하는 경우에도 자주점유의 추정이 적용된다.
④ 점유계속추정 규정은 전후 양 시점의 점유자가 다른 경우에도 점유의 승계가 입증되면 적용될 수 있다.
⑤ 점유자의 승계인이 자기의 점유만을 주장하는 경우, 전 점유자의 점유가 타주점유라면 현 점유자의 점유는 타주점유로 추정된다.

14. 물권적 청구권에 관한 설명으로 옳은 것을 모두 고른 것은? (다툼이 있으면 판례에 따름)

> ㄱ. 물권적 청구권을 보전하기 위하여 가등기를 할 수 있다.
> ㄴ. 물건의 양도시 소유권에 기한 물권적 청구권을 소유권과 분리하여 이를 소유권을 상실한 전(前)소유자에게 유보하여 행사시킬 수 없다.
> ㄷ. 직접점유자가 임의로 점유를 타인에게 양도한 경우에는 그 점유이전의 간접점유자의 의사에 반하더라도 간접점유자의 점유가 침탈된 경우에 해당하지 않는다.
> ㄹ. 임대차목적물 침해자에 대하여 임차인은 점유보호청구권을 행사할 수 있으나, 소유자인 임대인은 점유보호청구권을 행사할 수 없다.

① ㄱ, ㄴ   ② ㄴ, ㄷ   ③ ㄱ, ㄹ
④ ㄱ, ㄷ, ㄹ   ⑤ ㄴ, ㄷ, ㄹ

15. 甲, 乙, 丙은 X토지를 각각 7분의 1, 7분의 2, 7분의 4의 지분으로 공유하고 있다. 이에 관한 설명으로 틀린 것은? (다툼이 있으면 판례에 따름)

① 丙이 甲, 乙과의 협의 없이 X토지 전부를 丁에게 임대한 경우, 甲은 丁에게 차임 상당액의 7분의 1을 부당이득으로 반환할 것을 청구할 수 있다.
② 甲이 乙, 丙과의 협의 없이 X토지 전부를 독점적으로 점유하는 경우, 乙은 甲에게 X토지의 인도를 청구할 수 없으나 방해제거를 청구할 수 있다.
③ 丁이 X토지 전부를 불법으로 점유하고 있는 경우, 甲은 단독으로 X토지 전부의 인도를 청구할 수 있다.
④ X토지에 대하여 丁명의로 원인무효등기가 경료된 경우, 甲은 丁에게 단독으로 등기 전부의 말소를 청구할 수 있다.
⑤ 甲, 乙, 丙 사이의 X토지 사용·수익에 관한 특약이 공유지분권의 본질적 부분을 침해하지 않는 경우라면 그 특약은 丙의 특별승계인에게 승계될 수 있다.

16. 2007년 5월 6일 甲은 丙으로부터 토지를 매수하여 소유권이전등기를 경료하고 점유하면서 화초를 재배하고 있던 중 2008년 5월 7일 진정한 소유자라고 주장하는 乙의 소유물반환청구소송에 의하여 2009년 6월 7일 패소판결이 확정되었다. 다음 설명 중 틀린 것은?(다툼이 있으면 판례에 따름)

① 甲은 2009년 6월 7일 이전까지의 당해 토지에 대한 점유는 자주점유로 추정된다.
② 2008년 5월 7일 이전에 토지로부터 수확한 화초는 甲이 소유권을 취득하며 이를 乙에게 반환할 필요는 없다.
③ 甲이 2008년 5월 7일까지 토지를 보존하기 위하여 투입한 비용에 관하여 당해 토지로부터 통상의 과실을 취득한 경우, 乙에게 그 반환을 청구하지 못한다.
④ 甲이 2008년 5월 7일 이후 당해 토지를 과실(過失)로 훼손한 경우, 甲은 乙에 대하여 이익이 현존하는 한도에서 배상할 책임이 있다.
⑤ 甲은 2008년 5월 7일 이후 당해 토지를 개량하기 위하여 투입한 비용이 있는 경우, 乙의 선택에 따라 투입한 비용 또는 증가액의 상환을 청구할 수 있다.

17. 등기의 추정력에 관한 설명으로 옳은 것은?(다툼이 있으면 판례에 따름)

① 사망자 명의로 신청하여 이루어진 이전등기도 특별한 사정이 없는 한 등기의 추정력이 인정된다.
② 등기명의자가 허무인(虛無人)으로부터 소유권이전등기를 이전받았다는 사실만으로는 그 등기명의자가 적법한 권리자라는 추정은 깨지지 않는다.
③ 소유권이전청구권 보전을 위한 가등기가 되어 있으면 소유권이전등기를 청구할 수 있는 법률관계가 존재하는 것으로 추정된다.
④ 임야소유권 이전등기에 관한 특별조치법에 의한 소유권보존등기가 경료된 임야에 관하여 그 임야를 사정받은 사람이 따로 있는 것으로 밝혀진 경우라도 그 등기는 실체적 권리관계에 부합하는 등기로 추정된다.
⑤ 매매를 원인으로 하여 甲에게서 乙 앞으로 마쳐진 소유권이전등기에 대해 甲이 매매의 부존재를 이유로 그 말소를 청구하는 경우, 乙은 등기의 추정력을 주장할 수 없다.

18. 부동산 소유권의 점유취득시효에 관한 설명으로 옳은 것은? (다툼이 있으면 판례에 따름)
① 압류는 점유취득시효의 중단사유이다.
② 시효완성자의 시효이익의 포기는 특별한 사정이 없는 한 시효완성 당시의 소유자에게 하여야 그 효력이 있다.
③ 취득시효 완성 후 그로 인한 등기 전에 소유자가 저당권을 설정한 경우, 특별한 사정이 없는 한 시효완성자는 등기를 함으로써 저당권의 부담이 없는 소유권을 취득한다.
④ 토지에 대한 점유취득시효가 완성된 후 점유자가 그 토지에 대한 점유를 상실한 경우, 특별한 사정이 없는 한 시효완성을 원인으로 한 소유권이전등기청구권도 즉시 소멸한다.
⑤ 취득시효완성 후 등기명의인이 바뀐 경우, 등기명의가 바뀐 시점으로부터 다시 취득시효기간이 경과하더라도 취득시효완성을 주장할 수 없다.

19. 지상권에 관한 설명으로 틀린 것은? (다툼이 있으면 판례에 따름)
① 지상물이 멸실되더라도 존속기간이 만료되지 않는 한 지상권이 소멸하는 것은 아니다.
② 기간만료로 지상권이 소멸한 경우, 지상권자는 지상물매수청구를 하기 위해서 지상권설정자에게 갱신청구를 먼저 하여야 한다.
③ 담보가등기가 마쳐진 나대지에 그 소유자가 건물을 신축한 후 그 가등기에 기한 본등기가 경료되어 대지와 건물의 소유자가 달라진 경우, 관습법상 법정지상권이 발생한다.
④ 공유지 상에 공유자 1인이 건물을 소유하고 있다가 공유지의 분할로 대지와 건물의 소유자가 달라진 경우, 건물소유자는 관습법상 법정지상권을 취득할 수 있다.
⑤ 나대지에 저당권을 설정하면서 그 대지의 담보가치를 유지하기 위해 무상의 지상권을 설정한 경우, 제3자가 그 대지를 무단으로 사용한 것만으로는 지상권자는 그 제3자에게 지상권침해를 이유로 손해배상을 청구할 수 없다.

20. 지역권에 관한 다음 설명 중 틀린 것은?
① 요역지공유자 중 1인은 자신의 지분만에 대해서 지역권을 소멸시킬 수 있다.
② 지역권은 별도의 지역권이전등기 없이도 요역지소유권의 이전에 따라 함께 이전된다.
③ 소유권에 기한 소유물반환청구권에 관한 규정은 지역권에 준용되지 않는다.
④ 요역지의 전세권자는 특별한 사정이 없으면 지역권을 행사할 수 있다.
⑤ 요역지가 수인의 공유인 경우에 그 1인에 의한 지역권 소멸시효의 중단은 다른 공유자를 위하여 효력이 있다.

21. 전세권에 관한 설명으로 옳은 것은?(다툼이 있으면 판례에 따름)
① 전세권자가 통상의 필요비를 지출한 경우 그 비용의 상환을 청구하지 못한다.
② 전세권의 존속기간이 시작되기 전에 마친 전세권설정등기는 특별한 사정이 없는 한 그 기간이 시작되기 전에는 무효이다.
③ 전세권을 설정하는 때에는 전세금이 반드시 현실적으로 수수되어야 한다.
④ 전세권이 법정갱신된 경우, 전세권자는 갱신의 등기 없이 전세목적물을 취득한 제3자에 대하여 전세권을 주장할 수 없다.
⑤ 전세권은 전세권설정등기의 말소등기 없이 전세기간의 만료로 당연히 소멸하지만, 전세권에 저당권이 설정된 때에는 그렇지 않다.

22. 甲은 자기소유의 토지 위에 건물의 신축을 乙에게 의뢰하였고, 공사대금 지급기일이 경과했음에도 공사대금을 지급함이 없이 乙에게 건물의 반환을 요구하고 있다. 다음 중 틀린 것은?(다툼이 있으면 판례에 따름)
① 乙이 유치권을 행사하고 있더라도 공사대금채권의 소멸시효는 중단되지 않는다.
② 乙은 건물에 관하여 경매를 신청할 수 있으나 매각대금으로부터 우선변제를 받을 수는 없다.
③ 乙이 건물의 점유를 침탈당한 경우, 1년 내에 점유회수의 소를 제기하여 승소하면 점유를 회복하지 않더라도 유치권은 회복된다.
④ 건물이 소실된 경우, 乙은 甲의 화재보험금청구권 위에 물상대위를 할 수 없다.
⑤ 乙이 보존행위로서 건물을 사용한 경우, 乙은 건물을 사용하여 얻은 이익을 甲에게 부당이득으로 반환을 해야 한다.

23. 일괄경매청구권에 관한 설명으로 옳은 것을 모두 고른 것은? (다툼이 있으면 판례에 따름)

> ㄱ. 토지에 저당권을 설정한 후 그 설정자가 그 토지에 건물을 축조하여 저당권자가 토지와 함께 그 건물에 대하여도 경매를 청구하는 경우, 저당권자는 그 건물의 경매대가에 대해서도 우선변제를 받을 권리가 있다.
> ㄴ. 저당권설정자로부터 저당토지에 대한 용익권을 설정받은 자가 그 토지에 건물을 축조한 후 저당권설정자가 그 건물의 소유권을 취득한 경우, 저당권자는 토지와 건물을 일괄하여 경매를 청구할 수 있다.
> ㄷ. 토지에 저당권을 설정한 후 그 설정자가 그 토지에 축조한 건물의 소유권이 제3자에게 이전된 경우, 저당권자는 토지와 건물을 일괄하여 경매를 청구할 수 없다.

① ㄱ ② ㄴ ③ ㄷ
④ ㄴ, ㄷ ⑤ ㄱ, ㄴ, ㄷ

24. 근저당권에 관한 설명으로 옳은 것은?(다툼이 있으면 판례에 따름)

① 근저당권의 피담보채무가 확정되기 이전에는 채무자를 변경할 수 없다.
② 근저당권자가 피담보채무의 불이행을 이유로 경매신청을 한 때에는 매수인이 매각대금을 완납한 때에 피담보채권은 확정된다.
③ 선순위 근저당권의 확정된 피담보채권액이 채권최고액을 초과하는 경우, 후순위 근저당권자가 선순위 근저당권의 채권최고액을 변제하더라도 선순위 근저당권의 소멸을 청구할 수 없다.
④ 채권의 총액이 채권최고액을 초과하는 경우, 채무자 겸 근저당권설정자는 근저당권의 확정 전이라도 채권최고액을 변제하고 근저당권의 말소를 청구할 수 있다.
⑤ 근저당권의 목적물이 양도된 후 피담보채무가 소멸한 경우, 종전 소유자인 근저당권설정자는 근저당권설정등기의 말소를 청구할 수 없다.

25. 甲은 X토지와 그 지상에 Y건물을 소유하고 있으며, 그 중에서 Y건물을 乙에게 매도하고 乙명의로 소유권이전등기를 마쳐주었다. 그 후 丙은 乙의 채권자가 신청한 강제경매에 의해 Y건물의 소유권을 취득하였다. 乙과 丙의 각 소유권취득에는 건물을 철거한다는 등의 조건이 없다. 이에 관한 설명으로 틀린 것은?(다툼이 있으면 판례에 따름)

① 丙은 등기 없이 甲에게 관습법상 법정지상권을 주장할 수 있다.
② 甲은 丙에 대하여 Y건물의 철거 및 X토지의 인도를 청구할 수 없다.
③ 丙은 Y건물을 개축한 때에도 甲에게 관습법상 법정지상권을 주장할 수 있다.
④ 甲은 법정지상권에 관한 지료가 결정되지 않았더라도 乙이나 丙의 2년 이상의 지료지급지체를 이유로 지상권소멸을 청구할 수 있다.
⑤ 만일 丙이 관습법상 법정지상권을 등기하지 않고 Y건물만을 丁에게 양도한 경우, 丁은 甲에게 관습법상 법정지상권을 주장할 수 없다.

26. 甲은 2020. 2. 1. 자기 소유 중고자동차를 1,000만원에 매수할 것을 乙에게 청약하는 내용의 편지를 발송하였다. 이에 관한 설명으로 틀린 것은?

① 甲의 편지가 2020. 2. 5. 乙에게 도달하였다면 甲은 위 청약을 임의로 철회하지 못한다.
② 甲의 편지가 2020. 2. 5. 乙에게 도달하였다면 그 사이 甲이 사망하였더라도 위 청약은 유효하다.
③ 乙이 위 중고자동차를 900만원에 매수하겠다고 회신하였다면 乙은 甲의 청약을 거절하고 새로운 청약을 한 것이다.
④ 甲의 편지를 2020. 2. 5. 乙이 수령하였더라도 乙이 미성년자라면 甲은 원칙적으로 위 청약의 효력발생을 주장할 수 없다.
⑤ 乙이 위 청약을 승낙하는 편지를 2020. 2. 10. 발송하여 甲에게 2020. 2. 15. 도달하였다면 甲과 乙 간의 계약성립일은 2020. 2. 15.이다.

27. 이행불능에 관한 설명으로 틀린 것은?(다툼이 있으면 판례에 따름)

① 동시이행관계에 있는 쌍방의 채무 중 어느 한 채무가 이행불능이 됨으로 인하여 발생한 손해배상채무도 여전히 다른 채무와 동시이행관계에 있다.
② 매도인의 소유권이전등기의무가 매수인의 귀책사유에 의해 이행불능이 된 경우, 매수인은 이를 이유로 계약을 해제할 수 있다.
③ 매매목적물인 부동산이 가압류되었다는 사유만으로 매도인의 이행불능을 이유로 매매계약을 해제할 수는 없다.
④ 토지매매계약 후 그 토지 전부가 수용되어 소유권이전이 불가능하게 된 경우, 매수인은 이행불능을 이유로 매매계약을 해제할 수 없다.
⑤ 임대인에게 임대목적물에 대한 소유권이 없는 경우, 임차인이 진실한 소유자로부터 목적물의 반환청구를 받는 등의 이유로 임차인이 이를 사용·수익할 수가 없게 되면 임대인의 채무는 이행불능이 된다.

28. 동시이행관계에 있는 것을 모두 고른 것은?(다툼이 있으면 판례에 따름)

> ㄱ. 귀속청산의 경우, 가등기담보권자의 청산금지급의무와 채무자의 소유권이전등기의무
> ㄴ. 토지거래허가구역에서 매도인의 토지거래허가 신청절차 협력의무와 매수인의 매매대금지급의무
> ㄷ. 주택임대인과 임차인 사이의 임대차보증금 반환의무와 임차권등기명령에 의해 마쳐진 임차권등기의 말소의무
> ㄹ. 상가임대차계약 종료에 따른 임차인의 임차목적물 반환의무와 임대인의 권리금 회수 방해로 인한 손해배상의무

① ㄱ ② ㄱ, ㄴ ③ ㄱ, ㄷ ④ ㄴ, ㄹ ⑤ ㄴ, ㄷ, ㄹ

29. 매도인의 담보책임에 관한 설명으로 틀린 것은?(다툼이 있으면 판례에 따름)

① 수량을 지정한 매매의 목적물이 부족한 경우, 선의의 매수인은 그 사실을 안 날로부터 1년 내에 대금감액을 청구할 수 있다.
② 계약 당시 제3자 명의로 가압류등기가 경료되어 있었는데, 그 후 경매로 매수인이 소유권을 상실한 경우라면 매수인은 악의라도 계약을 해제하고 손해를 배상받을 수 있다.
③ 경매절차에서 취득한 물건에 하자가 있는 경우, 그에 대하여 담보책임을 물을 수 없다.
④ 건축을 목적으로 매매된 토지에 대하여 건축 허가를 받을 수 없어 건축이 불가능한 경우 등과 같은 법률적 제한 내지 장애는 권리의 하자에 해당한다.
⑤ 타인권리매매에서 매도인이 그 권리를 매수인에게 이전할 수 없게 된 경우, 매도인의 손해배상액은 이행불능 당시의 목적물의 시가를 기준으로 산정한다.

30. 甲은 자신 소유의 X노트북을 乙에게 매도하면서 그 대금은 乙이 甲의 채권자 丙에게 직접 지급하기로 하는 제3자를 위한 계약을 체결하였고, 丙은 乙에게 수익의 의사를 표시하였다. 이에 관한 설명으로 틀린 것은?(다툼이 있으면 판례에 따름)

① 甲과 乙이 미리 매매계약에서 丙의 권리를 변경·소멸할 수 있음을 유보한 경우, 이러한 약정은 丙에 대해서도 효력이 있다.
② 甲은 丙의 동의가 없는 한 乙의 채무불이행을 이유로 계약을 해제할 수 없다.
③ 제3자를 위한 계약의 체결 원인이 된 甲과 丙 사이의 법률관계가 취소된 경우, 특별한 사정이 없는 한 乙은 丙에게 대금지급을 거절할 수 없다.
④ 乙의 채무불이행을 이유로 甲이 계약을 해제한 경우, 丙은 乙에게 자기가 입은 손해에 대한 배상을 청구할 수 있다.
⑤ 甲과 乙의 매매계약이 취소된 경우, 乙이 丙에게 이미 매매대금을 지급하였다고 하더라도 특별한 사정이 없는 한 乙은 丙을 상대로 부당이득반환청구를 할 수 없다.

31. 계약의 합의해제에 관한 설명으로 틀린 것은?(다툼이 있으면 판례에 따름)

① 일부 이행된 계약의 묵시적 합의해제가 인정되기 위해서는 그 원상회복에 관하여도 의사가 일치되어야 한다.
② 당사자 사이에 약정이 없는 이상 합의해제로 인하여 반환할 금전에 그 받은 날로부터 이자를 붙여서 반환할 의무는 없다.
③ 계약이 합의해제된 경우, 원칙적으로 채무불이행에 따른 손해배상을 청구할 수 있다.
④ 합의해제에 따른 매도인의 원상회복청구권은 소유권에 기한 물권적 청구권으로서 소멸시효의 대상이 되지 않는다.
⑤ 합의해제의 소급효는 해제 전에 매매목적물에 대하여 저당권을 취득한 제3자에게 영향을 미치지 않는다.

32. 甲은 乙 소유의 X토지를 3억원에 매수하면서 계약금으로 3천만원을 乙에게 지급하기로 약정하고, 그 즉시 계약금 전액을 乙의 계좌로 입금하였다. 이에 관한 설명으로 틀린 것을 모두 고른 것은?(다툼이 있으면 판례에 따름)

ㄱ. 乙에게 지급된 계약금은 특약이 없는 한 손해배상액의 예정으로 볼 수 없다.
ㄴ. 甲이 매매계약의 이행에 전혀 착수하지 않았더라도 乙이 중도금을 지급하였다면, 乙은 계약금을 포기하고 甲과의 매매계약을 해제할 수 없다.
ㄷ. 乙이 甲에게 6천만원을 상환하고 매매계약을 해제하려는 경우, 甲이 6천만원을 수령하지 않은 때에는 乙은 이를 공탁해야 유효하게 해제할 수 있다.

① ㄱ ② ㄴ ③ ㄷ ④ ㄱ, ㄴ ⑤ ㄴ, ㄷ

33. 토지임차인의 지상물매수청구권에 관한 설명으로 옳은 것은?(다툼이 있으면 판례에 따름)

① 기간의 정함이 없는 임대차가 임대인의 해지통고로 소멸한 경우에 임차인은 즉시 매수청구를 할 수 있다.
② 지상물의 경제적 가치 유무나 임대인에 대한 효용 여부는 매수청구권의 행사요건이다.
③ 매수청구권의 대상이 되는 지상물은 임대인의 동의를 얻어 신축한 것에 한한다.
④ 임차인 소유의 건물이 임대토지와 제3자 소유의 토지 위에 걸쳐서 건립된 경우, 임차인은 건물 전체에 대하여 매수청구를 할 수 있다.
⑤ 건물 소유를 목적으로 한 토지임차권이 등기가 되더라도 임차인은 토지양수인에게 매수청구권을 행사할 수 없다.

34. 乙은 건물의 소유를 목적으로 甲 소유의 X토지를 임차한 후, 甲의 동의 없이 이를 丙에게 전대하였다. 이에 관한 설명으로 옳은 것은?(다툼이 있으면 판례에 따름)

① 甲은 丙에게 X토지의 반환을 청구할 수 없다.
② 甲은 乙에 대한 임대차계약상의 차임청구권을 상실한다.
③ 甲과 乙 사이의 임대차계약은 무단전대를 이유로 甲의 해지의 의사표시가 없더라도 해지의 효력이 발생한다.
④ 임대차 및 전대차기간 만료시에 丙이 신축한 건물이 X토지에 현존하고 甲이 임대차 계약의 갱신을 거절한 경우, 丙은 甲에게 건물매수를 청구할 수 없다.
⑤ 甲과 乙 사이의 임대차계약이 존속하더라도 甲은 X토지의 불법점유를 이유로 丙에게 차임상당의 부당이득반환을 청구할 수 있다.

35. 주택임대차보호법에 관한 설명 중 틀린 것은?

① 일시사용을 위한 임대차인 것이 명백한 경우에는 동법이 적용되지 않는다.
② 미등기 무허가 건물에 대해서도 주거용으로 임대차한 경우에는 동법이 적용된다.
③ 임차인이 소액보증금 중 일정액을 최우선하여 변제받기 위해서는 주택에 대한 경매신청등기 전까지 대항력 및 확정일자를 갖추어야 한다.
④ 다가구용 단독주택의 임대차에서는 전입신고를 할 때 지번만 기재하고 호수의 표시가 없어도 대항력을 취득할 수 있다.
⑤ 임차주택의 경매시 임차인이 환가대금으로부터 보증금을 수령하기 위해서는 임차주택을 경락인에게 인도하여야 한다.

36. 甲은 자신의 X주택을 보증금 2억원, 월차임 50만원으로 乙에게 임대하였는데, 乙이 전입신고 후 X주택을 점유·사용하면서 차임을 연체하고 있다. 이에 관한 설명으로 옳은 것을 모두 고른 것은?(다툼이 있으면 판례에 따름)

> ㄱ. 乙의 연체차임은 임대차계약 종료 전에 별도의 의사표시 없이 임대차보증금에서 당연히 공제된다.
> ㄴ. 甲이 乙을 상대로 차임연체로 인한 임대차계약의 해지를 원인으로 목적물인도 및 연체차임의 지급을 구하는 소송비용은 반환할 보증금에서 당연히 공제할 수 있다.
> ㄷ. 乙의 채권자에 의해 보증금반환채권이 가압류된 후 임차주택이 丙에게 양도된 경우, 丙은 제3채무자의 지위를 승계한다.

① ㄱ ② ㄴ ③ ㄱ, ㄴ
④ ㄱ, ㄷ ⑤ ㄴ, ㄷ

37. 집합건물의 소유 및 관리에 관한 법률에 관한 설명으로 옳은 것을 모두 고른 것은?(다툼이 있으면 판례에 따름)

> ㄱ. 관리단은 관리비 징수에 관한 관리단 규약 등이 존재하지 않더라도 적어도 공용부분에 대한 관리비는 이를 그 부담의무자인 구분소유자에게 청구할 수 있다.
> ㄴ. 재건축 결의 후 재건축 참가 여부를 서면으로 촉구받은 재건축반대자가 법정기간 내에 회답하지 않으면 재건축에 참가하겠다는 회답을 한 것으로 본다.
> ㄷ. 전유부분에 대하여 설정된 전세권은 전세권설정등기가 건물부분만에 관한 것이라는 취지의 부기등기가 경료되어 있더라도 대지사용권에 대하여도 미친다.

① ㄱ ② ㄴ ③ ㄷ
④ ㄴ, ㄷ ⑤ ㄱ, ㄷ

38. 甲은 乙에 대한 1억원의 대여금채권을 담보하기 위해 乙 소유의 부동산(가액 3억원)에 가등기를 마쳤고, 그 후 丙이 그 부동산에 저당권설정등기를 마쳤다. 乙에 대한 변제기가 경과되어 甲이 담보권을 실행하려고 한다. 이에 관한 설명으로 옳은 것은?(다툼이 있으면 판례에 따름)

① 甲이 목적부동산의 경매를 청구하여 그 경매절차가 진행 중인 때에는 甲은 乙에게 가등기에 따른 본등기를 청구할 수 없다.
② 甲이 담보권실행을 통지할 때에 청산금이 없는 경우에는 2개월의 청산기간이 지나기 전에도 가등기에 기한 본등기를 청구할 수 있다.
③ 甲이 담보권실행을 통지한 경우, 丙은 청산기간 내라 하더라도 자신의 채권의 변제기가 도래한 경우에 한하여 건물의 경매를 청구할 수 있다.
④ 甲이 담보권실행을 통지하고 2개월의 청산기간이 지난 경우, 청산금의 지급이 없더라도 乙은 대여금을 변제하고 가등기말소를 청구할 수는 없다.
⑤ 甲이 주관적으로 평가한 청산금의 액수가 정당하게 평가된 청산금의 액수에 미치지 못하면 담보권실행 통지는 효력이 없다.

39. 2024년 5월 신탁자 甲과 그의 친구인 수탁자 乙이 X부동산에 대하여 명의신탁약정을 한 후, 乙이 직접 계약당사자가 되어 丙으로부터 X를 매수하고 소유권이전등기를 마쳤다. 다음 설명으로 틀린 것은?(다툼이 있으면 판례에 따름)

① 丙이 매매계약 당시 甲과 乙의 명의신탁약정 사실을 몰랐더라도 甲과 乙의 명의신탁약정은 무효이다.
② 丙이 甲과 乙의 명의신탁약정 사실을 안 경우에는 甲은 丙에게 소유권이전등기를 청구할 수 있다.
③ 丙이 甲과 乙의 명의신탁약정 사실을 안 경우에도 乙이 그 사정을 모르는 丁에게 X를 매도하여 소유권이전등기를 마쳤다면 丁은 X의 소유권을 취득한다.
④ 丙이 甲과 乙의 명의신탁약정 사실을 몰랐다면 乙은 X의 소유권을 취득한다.
⑤ 乙이 X의 소유자가 된 경우, 甲으로부터 제공받은 매수자금 상당액을 甲에게 부당이득으로 반환하여야 한다.

40. 乙은 2024. 5. 10. 서울에 소재하는 甲소유의 X상가건물을 甲으로부터 보증금 8억원, 월차임 400만원에 임차하여 상가건물 임대차보호법상의 대항요건을 갖추고 영업하고 있다. 다음 설명 중 틀린 것은?(다툼이 있으면 판례에 따름)

① 甲과 乙이 임대차기간을 6개월로 정한 경우, 甲은 그 기간이 유효함을 주장할 수 있다.
② 임대차종료 후 보증금이 반환되지 않은 경우, 乙은 X건물의 소재지 관할법원에 임차권등기명령을 신청할 수 있다.
③ 최초의 임대차기간을 포함한 전체 임대차기간이 10년을 초과하지 아니하는 범위에서 乙은 계약갱신요구권을 행사할 수 있다.
④ X건물이 경매로 매각된 경우, 乙은 특별한 사정이 없는 한 보증금에 대해 일반채권자보다 우선하여 변제받을 수 없다.
⑤ 乙은 권리금의 회수기회보호규정에 의해 권리금의 보호를 받을 수 있다.

2025년도 제36회 시험대비 THE LAST 모의고사
김덕수 민법·민사특별법

회차	문제수	시험과목
3회	40	민법·민사특별법

| 수험번호 | | 성명 | |

【수험자 유의사항】

1. 시험문제지의 **총면수, 문제번호, 일련순서, 인쇄상태** 등을 확인하시고, 문제지 표지에 수험번호와 성명을 기재하시기 바랍니다.

2. 답은 각 문제마다 요구하는 **가장 적합하거나 가까운 답 1개**만 선택하고, 답안카드 작성 시 시험문제지 **마킹착오**로 인한 불이익은 전적으로 **수험자에게 책임**이 있음을 알려드립니다.

3. 답안카드는 국가전문자격 공통 표준형으로 문제번호가 1번부터 125번까지 인쇄되어 있습니다. 답안 마킹 시에는 반드시 **시험문제지의 문제번호와 동일한 번호**에 마킹하여야 합니다.

4. **감독위원의 지시에 불응하거나 시험시간 종료 후 답안카드를 제출하지 않을 경우** 불이익이 발생할 수 있음을 알려드립니다.

5. 시험문제지는 시험 종료 후 가져가시기 바랍니다.

6. 답안작성은 **시험시행일 현재 시행되는 법령 등을 적용**하시기 바랍니다.

7. 가답안 의견제시에 대한 개별회신 및 공고는 하지 않으며, **최종 정답 발표로 갈음**합니다.

8. 시험 중 **중간 퇴실은 불가**합니다. 단, 부득이하게 퇴실할 경우 **시험 포기각서 제출 후 퇴실은 가능**하나 **재입실이 불가**하며, **해당시험은 무효처리됩니다.**

박문각은 여러분의 제36회 공인중개사 시험 합격을 진심으로 응원합니다!

민법 및 민사특별법 중 부동산 중개에 관련되는 규정

1. 강행규정에 위반한 법률행위에 관한 설명으로 옳은 것은?(다툼이 있으면 판례에 따름)
① 임차인의 비용상환청구권에 관한 규정은 강행규정이다.
② 부동산을 등기하지 않고 순차적으로 매도하는 중간생략등기합의는 강행규정에 위반하여 무효이다.
③ 개업공인중개사가 중개의뢰인과 직접 거래하는 행위를 금지하는 공인중개사법 규정은 효력규정이다.
④ 법률행위가 강행규정에 위반하여 무효인 경우에는 언제나 불법원인급여에 해당한다.
⑤ 강행규정에 위반한 자가 스스로 그 약정의 무효를 주장하는 것은 특별한 사정이 없는 한 신의칙에 반하지 않는다.

2. 甲 소유의 X토지를 매도하는 계약을 체결할 대리권을 甲으로부터 수여받은 乙은 甲의 대리인임을 현명하고 丙과 매매계약을 체결하였다. 이에 관한 설명으로 틀린 것은? (다툼이 있으면 판례에 따름)
① 甲이 丙의 기망행위를 이유로 계약을 취소하려고 하는 경우, 계약체결이 丙의 기망행위로 영향을 받았는지의 유무는 甲이 아니라 乙을 기준으로 결정한다.
② 丙과의 매매계약이 불공정한 법률행위에 해당하는지 여부가 문제된 경우, 매도인의 궁박은 乙을 기준으로 판단한다.
③ 乙이 미성년자인 경우, 甲은 乙의 제한능력을 이유로 X토지에 대한 매매계약을 취소할 수 없다.
④ 乙이 丙으로부터 매매대금을 수령한 경우, 甲에게 이를 아직 전달하지 않았더라도 특별한 사정이 없는 한 丙의 매매대금채무는 소멸한다.
⑤ 丙이 매매계약을 적법하게 해제한 경우, 그 해제로 인한 원상회복의무는 甲과 丙이 부담한다.

3. 복대리에 관한 설명으로 옳은 것은?(다툼이 있으면 판례에 따름)
① 법률행위에 의해 대리권을 부여받은 대리인은 특별한 사정이 없는 한 복대리인을 선임할 수 없다.
② 본인의 묵시적 승낙에 기초한 임의대리인의 복임권행사는 허용되지 않는다.
③ 임의대리인이 본인의 명시적 승낙을 얻어 복대리인을 선임한 때에는 본인에 대하여 그 선임감독에 관한 책임이 없다.
④ 법정대리인이 그 자신의 이름으로 선임한 복대리인은 법정대리인의 대리인이다.
⑤ 복대리인의 대리행위에 대해서는 표현대리가 성립할 수 없다.

4. 통정허위표시에 관한 설명으로 틀린 것은?(다툼이 있으면 판례에 따름)
① 통정허위표시에 의한 법률행위도 채권자취소권의 대상인 사해행위가 될 수 있다.
② 당사자들이 실제로는 증여계약을 체결하면서 매매계약인 것처럼 통정허위표시를 하였다면 은닉행위인 증여계약은 유효이다.
③ 파산관재인은 그가 비록 통정허위표시에 대해 악의였다고 하더라도 파산채권자 모두가 악의로 되지 않는 한 선의의 제3자로 인정된다.
④ 임대차보증금반환채권을 담보할 목적으로 임대인과 임차인이 체결한 전세권설정계약은 특별한 사정이 없는 한 임대차계약의 내용과 양립할 수 없는 범위에서만 통정허위표시로 인정된다.
⑤ 통정허위표시에 따른 선급금 반환채무 부담행위에 기하여 선의로 그 채무를 보증한 자는 보증채무의 이행 여부와 상관없이 허위표시의 무효로부터 보호받는 제3자에 해당한다.

5. 대리권 없는 乙이 甲을 대리하여 甲 소유 X건물에 대하여 丙과 매매계약을 체결하였다. 표현대리가 성립하지 않는 경우 이에 관한 설명으로 옳은 것은?(다툼이 있으면 판례에 따름)
① 甲은 丙에 대하여 계약을 추인할 수 있으나 乙에 대해서는 이를 추인할 수 없다.
② 계약체결 당시 乙이 무권대리인임을 丙이 알았다면 丙은 甲에게 추인 여부의 확답을 최고할 수 없다.
③ 계약체결 당시 乙이 무권대리인임을 丙이 과실로 모른 경우, 乙은 丙의 선택에 따라 丙에게 계약의 이행 또는 손해배상의 책임이 있다.
④ 乙의 무권대리행위가 제3자의 기망행위로 야기되었다고 하더라도 乙은 丙의 선택에 따라 丙에게 계약의 이행 또는 손해배상의 책임이 있다.
⑤ 甲이 사망하여 乙이 단독상속한 경우 乙은 본인의 지위에서 위 계약의 추인을 거절할 수 있다.

6. 선량한 풍속 기타 사회질서에 반하는 행위를 모두 고른 것은?(다툼이 있으면 판례에 따름)

> ㄱ. 부첩(夫妾)관계의 종료를 해제조건으로 하는 증여계약
> ㄴ. 부동산매매계약에서 계약금을 수수한 후 당사자가 매매계약의 이행에 착수하기 전에 제3자가 매도인을 적극 유인하여 체결한 매도인과 제3자 사이의 매매계약
> ㄷ. 도박채무의 변제를 위하여 채무자가 그 소유의 부동산 처분에 관하여 도박채권자에게 대리권을 수여한 행위
> ㄹ. 전통사찰의 주지직을 거액의 금품을 대가로 양도·양수하기로 하는 약정이 있음을 알고도 이를 묵인 혹은 방조한 상태에서 한 종교법인의 주지임명행위

① ㄱ ② ㄱ, ㄴ ③ ㄱ, ㄷ ④ ㄴ, ㄹ ⑤ ㄴ, ㄷ, ㄹ

7. 비진의표시에 관한 설명으로 틀린 것은?(다툼이 있으면 판례에 따름)

① 상대방 없는 단독행위에도 비진의표시에 관한 규정은 적용될 수 있다.
② 비진의표시에서 진의란 특정한 내용의 의사표시를 하고자 하는 표의자의 생각을 말하는 것이지 진정으로 마음속에서 바라는 사항을 뜻하는 것은 아니다.
③ 재산을 강제로 뺏긴다는 인식을 하고 있는 자가 고지된 해악이 두려워 어쩔 수 없이 증여의 의사표시를 한 경우 이는 비진의표시라 할 수 없다.
④ 법률상의 장애로 자기명의로 대출받을 수 없는 자를 위하여 대출금채무자로서 명의를 빌려준 자는 특별한 사정이 없는 한 채무부담의사를 가지지 않으므로 그가 행한 대출계약상의 의사표시는 비진의표시이다.
⑤ 공무원의 사직의 의사표시와 같은 공법행위에는 비진의표시에 관한 규정이 적용되지 않는다.

8. 착오로 인한 법률행위에 관한 설명으로 옳은 것은?(다툼이 있으면 판례에 따름)

① 토지매매에 있어서 특별한 사정이 없는 한, 매수인이 측량을 통하여 매매목적물이 지적도상의 그것과 정확히 일치하는지 확인하지 않은 경우 중대한 과실이 인정된다.
② 표의자가 착오를 이유로 의사표시를 취소한 경우, 취소로 인하여 손해를 입은 상대방은 표의자에게 불법행위로 인한 손해배상을 청구할 수 있다.
③ 착오한 표의자의 중대한 과실 유무에 관한 증명책임은 의사표시의 효력을 부인하는 착오자에게 있다.
④ 상대방이 표의자의 착오를 알고 이용한 경우, 그 착오가 표의자의 중대한 과실로 인한 것이라고 하더라도 표의자는 착오에 의한 의사표시를 취소할 수 있다.
⑤ 착오로 인한 의사표시의 취소에 관한 민법규정은 당사자의 합의로 그 적용을 배제할 수 없다.

9. 사기·강박에 의한 의사표시에 관한 설명으로 틀린 것은?(다툼이 있으면 판례에 따름)

① 대리인의 기망행위로 계약을 체결한 상대방은 본인이 대리인의 기망행위에 대해 선의·무과실이면 계약을 취소할 수 없다.
② 교환계약의 당사자가 시가를 묵비하였더라도 특별한 사정이 없는 한 기망행위에 해당하지 않는다.
③ 강박에 의해 자유로운 의사결정의 여지가 완전히 박탈되어 그 외형만 있는 법률행위는 무효이다.
④ 상대방이 불법적인 해악의 고지 없이 각서에 서명날인할 것을 강력히 요구하는 것만으로는 강박이 되지 않는다.
⑤ 강박행위의 목적이 정당한 경우에도 그 수단이 부당하다면 위법성이 인정된다.

10. 법률행위에 관한 설명으로 틀린 것은?(다툼이 있으면 판례에 따름)

① 농지취득자격증명은 법률행위의 효력발생요건이 아니다.
② 선량한 풍속 기타 사회질서에 위반한 사항을 내용으로 하는 법률행위의 무효는 이를 주장할 이익이 있는 자라면 누구든지 무효를 주장할 수 있다.
③ 조건의 성취로 인하여 불이익을 받을 당사자가 신의칙에 반하여 조건의 성취를 방해한 경우, 그러한 행위가 있었던 시점에 조건은 성취된 것으로 의제된다.
④ 무권리자가 타인의 권리를 처분하는 계약을 체결한 경우, 권리자가 이를 추인하면 계약의 효과는 원칙적으로 계약체결시에 소급하여 권리자에게 귀속된다.
⑤ 무효인 법률행위에 따른 법률효과를 침해하는 것처럼 보이는 행위가 있다고 하여도 그 법률효과의 침해에 따른 손해배상을 청구할 수는 없다.

11. 점유자와 회복자의 관계에 관한 설명으로 옳은 것을 모두 고른 것은?(다툼이 있으면 판례에 따름)

ㄱ. 악의의 점유자는 원칙적으로 필요비 전부의 상환을 청구할 수 있다.
ㄴ. 점유자가 유익비를 지출한 경우는 점유자가 점유물을 반환 할 때에 그 상환을 청구할 수 있으나, 필요비를 지출한 경우에는 즉시 상환을 청구할 수 있다.
ㄷ. 유익비는 그 가액의 증가가 현존한 경우에 한하여 회복자의 선택에 좇아 그 지출금액이나 증가액의 상환을 청구할 수 있다.
ㄹ. 점유물이 점유자의 책임 있는 사유로 멸실된 때, 악의의 점유자라 하더라도 자주점유인 경우는 타주점유에 비하여 책임이 경감된다.

① ㄱ, ㄴ   ② ㄴ, ㄷ   ③ ㄱ, ㄷ
④ ㄴ, ㄷ, ㄹ   ⑤ ㄱ, ㄷ, ㄹ

12. 공동소유에 관한 설명으로 틀린 것은?(다툼이 있으면 판례에 따름)

① 총유물에 대한 보존행위는 구성원 각자가 단독으로 할 수 없고, 특별한 사정이 없는 한 사원총회의 결의를 거쳐야 한다.
② 합유자가 사망한 경우, 특별한 사정이 없는 한 그 상속인에게 합유자로서의 지위가 승계되지 않는다.
③ 공유물분할협의가 성립한 후에는 공유자 일부가 분할에 따른 이전등기에 협력하지 않더라도 재판상 분할을 청구할 수 없다.
④ 공유물분할청구의 소에서 법원은 원칙적으로 공유물분할을 청구하는 원고가 구하는 방법에 구애받지 않고 재량에 따라 합리적 방법으로 분할을 명할 수 있다.
⑤ 공유지분 위에 저당권이 설정된 후 그 공유부동산이 현물분할된 경우, 저당권은 원칙적으로 저당권설정자에게 분할된 부분에 집중된다.

13. 乙은 2005. 1. 10. 甲소유의 X토지를 매수하고 대금을 지급한 후 X토지를 인도 받았으나 소유권이전등기는 마치지 않았다. 乙은 2015. 12. 31. X토지를 다시 丙에게 매도하였고, 2019. 2. 16. 현재까지 丙 역시 미등기 상태로 X토지를 점유하고 있다. 이에 관한 설명으로 <u>틀린</u> 것은? (다툼이 있으면 판례에 따름)

① 乙의 甲에 대한 소유권이전등기청구권의 소멸시효는 진행되지 않는다.
② 丙은 乙의 甲에 대한 소유권이전등기청구권을 대위하여 행사할 수 있다.
③ X토지를 제3자가 불법점유하고 있다면, 丙은 제3자에 대하여 소유권에 기한 물권적 청구권을 행사할 수 있다.
④ 甲은 丙에게 소유권에 기하여 X토지의 반환을 청구할 수 없다.
⑤ 甲은 丙에 대해 불법점유를 이유로 임료 상당의 부당이득반환을 청구할 수 없다.

14. 부동산의 물권변동을 위해 등기가 필요한 것은?(다툼이 있으면 판례에 따름)

① 매수인이 매도인을 상대로 매매를 원인으로 한 소유권이전등기 청구소송을 제기하여 승소판결이 확정된 경우
② 관습법에 따른 법정지상권의 취득
③ 부동산 소유자가 사망하여 그 부동산이 상속된 경우
④ 민사집행법에 의한 경매에서 부동산을 매수하고 매각대금을 완납한 경우
⑤ 채무의 담보로 자신의 토지에 저당권을 설정해 준 채무자가 그 채무를 모두 변제한 경우

15. 甲이 20년간 소유의 의사로 평온, 공연하게 乙소유의 X토지를 점유한 경우에 관한 설명으로 옳은 것을 모두 고른 것은?(다툼이 있으면 판례에 따름)

ㄱ. X토지가 미등기 상태라면 甲은 등기 없이도 X토지의 소유권을 취득한다.
ㄴ. 乙은 甲에 대하여 점유로 인한 부당이득반환청구를 할 수 없다.
ㄷ. 만약 丙이 乙에게 명의신탁한 토지여서 甲의 시효가 완성된 후에 丙이 명의신탁 해지를 원인으로 丙 앞으로 이전등기를 했다면, 甲은 丙에게 시효완성을 주장할 수 있다.

① ㄱ ② ㄴ ③ ㄱ, ㄴ
④ ㄴ, ㄷ ⑤ ㄱ, ㄴ, ㄷ

16. 甲소유의 토지 위에 乙이 무단으로 건물을 신축하였다. 다음 중 옳은 것을 모두 고른 것은?(다툼이 있으면 판례에 따름)

ㄱ. 乙이 건물에 거주하는 경우, 甲은 乙을 상대로 건물에서 퇴거할 것을 청구할 수 없다.
ㄴ. 甲이 乙에게 철거를 청구하는 경우, 乙로부터 건물에 대하여 전세권을 취득한 丙은 자신의 전세권으로 甲의 퇴거청구에 대항할 수 없다.
ㄷ. 乙이 丁에게 건물을 매도하고 인도한 경우, 丁명의로 이전등기가 없다면 甲은 丁을 상대로 철거를 청구할 수 없다.

① ㄱ ② ㄴ ③ ㄱ, ㄴ
④ ㄴ, ㄷ ⑤ ㄱ, ㄷ

17. 물권의 소멸에 관한 설명으로 옳은 것은?(다툼이 있으면 판례에 따름)

① 점유권과 본권이 동일인에게 귀속하게 되면 점유권은 혼동으로 소멸한다.
② 전세권에 저당권이 설정된 경우, 전세목적물에 대한 소유권과 전세권이 동일인에게 귀속하게 되면 전세권은 혼동으로 소멸한다.
③ 후순위저당권이 있는 부동산의 소유권을 선순위저당권자가 아무런 조건 없이 증여 받아 취득한 경우, 저당권은 혼동으로 소멸한다.
④ 후순위 저당권이 존재하는 주택을 대항력을 갖춘 임차인이 경매절차에서 매수한 경우, 임차권은 혼동으로 소멸한다.
⑤ 유치권자가 유치권 성립 후에 이를 포기하는 의사표시를 한 경우에도 점유를 반환하여야 유치권은 소멸한다.

18. 점유에 관한 설명으로 옳은 것은?(다툼이 있으면 판례에 따름)

① 점유매개자의 점유는 자주점유이다.
② 매수인이 착오로 인접 토지의 일부를 그가 매수한 토지에 속하는 것으로 믿고 인도받아 분묘를 설치·관리해 온 경우에는 타주점유에 해당한다.
③ 점유자가 스스로 매매 등과 같은 자주점유의 권원을 주장하였으나 이것이 인정되지 않는 경우에는 자주점유의 추정이 깨어진다.
④ 선의의 점유자라도 본권에 관한 소에 패소한 때에는 그 소가 제기된 때로부터 악의의 점유자로 본다.
⑤ 타인소유의 토지를 자기소유 토지의 일부로 알고 이를 점유하게 된 자가 나중에 그러한 사정을 알게 되었다면 그 점유는 그 사정만으로 타주점유로 전환된다.

19. 주위토지통행권에 관한 설명으로 틀린 것은?(다툼이 있으면 판례에 따름)

① 토지의 분할 및 일부양도로 인한 무상의 주위통행권은 포위된 토지 또는 피통행지의 특정승계인에게 승계된다.
② 주위토지통행권의 범위는 현재의 토지의 용법에 따른 이용의 범위에서 인정된다.
③ 주위토지통행권은 법정의 요건을 충족하면 당연히 성립하고 요건이 없어지면 당연히 소멸한다.
④ 통행지소유자는 주위토지통행권자의 허락을 얻어 사실상 통행하고 있는 자에게는 그 손해의 보상을 청구할 수 없다.
⑤ 주위토지통행권이 인정되는 도로의 폭과 면적을 정함에 있어서, 건축법에 건축과 관련하여 도로에 관한 폭 등의 제한규정에 따라 결정하여야 하는 것은 아니다.

20. 전세권에 관한 설명으로 옳은 것은?(다툼이 있으면 판례에 따름)

① 건물에 대한 전세권이 법정갱신된 경우, 그 존속기간은 2년으로 본다.
② 전세권에 저당권이 설정된 후 전세권의 존속기간이 만료된 경우, 저당권자는 전세권 자체에 대해 저당권을 실행할 수 없다.
③ 건물의 일부에 전세권이 설정된 경우 전세권의 목적물이 아닌 나머지 부분에 대해서도 경매를 신청할 수 있다.
④ 전세권이 성립한 후 목적물의 소유권이 이전되더라도 전세금반환채무가 당연히 신소유자에게 이전되는 것은 아니다.
⑤ 전세권을 존속시키기로 하면서 전세금반환채권만을 전세권과 분리하여 확정적으로 양도하는 것도 허용된다.

21. 법정지상권 및 관습법상 법정지상권에 대한 설명 중 틀린 것은?(다툼이 있으면 판례에 따름)

① 토지에 관한 저당권설정 당시 해당 토지에 일시사용을 위한 가설건축물이 존재하였던 경우, 법정지상권은 발생하지 않는다.
② 乙이 甲소유 토지와 건물을 매수하여 토지에 대해서만 이전등기를 받은 경우, 관습법상 법정지상권은 발생하지 않는다.
③ 강제경매에 있어 관습법상 법정지상권이 인정되기 위해서는 매각대금 완납시를 기준으로 해서 토지와 그 지상건물이 동일인의 소유에 속하여야 한다.
④ 토지와 건물의 소유자가 토지만을 타인에게 증여한 후 구 건물을 철거하고 다시 신축하기로 합의한 경우, 관습법상 법정지상권을 포기한 것으로 볼 수 없다.
⑤ 법정지상권의 지료가 판결에 의해 정해진 경우, 지체된 지료가 판결확정의 전후에 걸쳐 2년분 이상일 경우에도 토지소유자는 지상권의 소멸을 청구할 수 있다.

22. 지역권에 관한 설명으로 옳은 것은?(다툼이 있으면 판례에 따름)

① 토지의 일부를 위하여 지역권을 설정할 수 있다.
② 지역권은 독립하여 양도·처분할 수 있는 물권이다.
③ 통행지역권은 지료의 약정을 성립요건으로 한다.
④ 통행지역권의 시효취득을 위하여 지역권이 계속되고 표현되면 충분하고 승역지 위에 통로를 개설할 필요는 없다.
⑤ 통행지역권을 시효취득한 요역지소유자는, 특별한 사정이 없으면 승역지의 사용으로 그 소유자가 입은 손해를 보상하여야 한다.

23. 법률상 특별한 규정이나 당사자 사이에 다른 약정이 없는 경우, 저당권의 효력이 미치는 것을 모두 고른 것은?(다툼이 있으면 판례에 따름)

> ㄱ. 저당부동산에 대한 압류가 있기 전에 저당권설정자가 그 부동산으로부터 수취한 과실
> ㄴ. 건물의 소유를 목적으로 한 토지임차인이 건물에 저당권을 설정한 경우의 토지임차권
> ㄷ. 저당권이 설정된 건물 그 자체의 효용과는 직접 관계없지만 건물소유자의 상용에 공여되고 있는 물건

① ㄱ   ② ㄴ   ③ ㄱ, ㄴ
④ ㄱ, ㄷ   ⑤ ㄴ, ㄷ

24. 근저당권에 관한 설명으로 옳은 것은?(다툼이 있으면 판례에 따름)

① 근저당권의 피담보채권이 확정되기 전에 채권의 일부가 대위변제된 경우, 근저당권의 일부이전의 부기등기 여부와 관계없이 근저당권은 대위변제자에게 법률상 당연히 이전된다.
② 근저당권에 존속기간이나 결산기의 정함이 없는 경우, 근저당권설정자는 근저당권자에 대한 해지의 의사표시로써 피담보채권을 확정시킬 수 없다.
③ 후순위 근저당권자가 경매를 신청한 경우, 선순위 근저당권의 피담보채권은 후순위 근저당권자의 경매신청시에 확정된다.
④ 근저당권의 물상보증인은 확정된 채무액이 채권최고액을 초과하더라도 특별한 사정이 없는 한 채권최고액만을 변제하고 근저당권설정등기의 말소청구를 할 수 있다.
⑤ 공동근저당권자가 저당목적 부동산 중 일부 부동산에 대하여 제3자가 신청한 경매절차에 소극적으로 참가하여 우선배당을 받은 경우, 특별한 사정이 없는 한 나머지 저당목적 부동산에 관한 근저당권의 피담보채권도 확정된다.

25. 유치권에 관한 설명으로 옳은 것을 모두 고른 것은?(다툼이 있으면 판례에 따름)

> ㄱ. 임차인의 임차보증금반환청구권은 임차건물에 관하여 생긴 채권이라 할 수 없다.
> ㄴ. 수급인이 경매개시결정의 기입등기 전에 채무자로부터 건물의 점유를 이전받았다면, 경매개시결정의 기입등기 후에 공사대금채권을 취득한 경우에도, 수급인은 유치권을 경락인에게 주장할 수 있다.
> ㄷ. 저당물의 제3취득자가 저당물의 개량을 위하여 유익비를 지출한 때에는 민법 제367조에 의한 비용상환청구권을 피담보채권으로 삼아 유치권을 행사할 수 있다.

① ㄱ ② ㄴ ③ ㄷ
④ ㄱ, ㄴ ⑤ ㄱ, ㄷ

26. 부동산매매에서 환매특약을 한 경우에 관한 설명으로 틀린 것은?(다툼이 있으면 판례에 따름)

① 환매특약은 매매계약과 동시에 하여야 한다.
② 환매기간에 관한 별도의 약정이 없으면 그 기간은 5년이다.
③ 매매등기와 환매특약등기가 경료된 이후, 그 부동산 매수인은 그로부터 다시 매수한 제3자에 대하여 환매특약의 등기사실을 들어 소유권이전등기절차 이행을 거절할 수 없다.
④ 매도인이 환매기간 내에 환매의 의사표시를 하면 그는 그 환매에 의한 권리취득의 등기를 하지 않아도 그 부동산을 가압류 집행한 자에 대하여 권리취득을 주장할 수 있다.
⑤ 환매시 목적물의 과실과 대금의 이자는 특별한 약정이 없으면 이를 상계한 것으로 본다.

27. 제3자를 위한 계약에 관한 설명으로 틀린 것은?(다툼이 있으면 판례에 따름)

① 제3자를 위한 계약에서 제3자는 계약 성립시에 특정될 필요가 없고 현존할 필요도 없다.
② 낙약자는 요약자와의 계약에서 발생한 항변으로 제3자에게 대항할 수 없다.
③ 채무자와 인수인 사이에 체결되는 중첩적 채무인수계약은 제3자를 위한 계약에 해당한다.
④ 채무자가 상당한 기간을 정하여 계약이익의 향수 여부의 확답을 제3자에게 최고하였으나 그 기간 내에 확답을 받지 못한 때에는 거절한 것으로 본다.
⑤ 제3자를 위한 도급계약에서 수익의 의사표시를 한 제3자가 그 계약에 따라 완성된 목적물의 하자로 인해 손해를 입은 경우, 특별한 사정이 없는 한 낙약자는 그 제3자에게 해당 손해를 배상할 의무가 있다.

28. 甲은 그 소유의 X주택을 乙에게 매도하기로 약정하였는데, 인도와 소유권이전등기를 마치기 전에 X주택이 소실되었다. 이에 관한 설명으로 옳은 것을 모두 고른 것은?(다툼이 있으면 판례에 따름)

> ㄱ. 乙이 이미 대금을 지급하였는데 X주택이 불가항력으로 소실된 경우, 乙은 甲에게 부당이득을 이유로 대금의 반환을 청구할 수 있다.
> ㄴ. X주택이 乙의 과실로 소실된 경우, 甲은 乙에게 대금지급을 청구할 수 있다.
> ㄷ. 乙의 수령지체 중에 X주택이 불가항력으로 소실된 경우, 甲은 자신의 채무를 면하면서 얻은 이익이 있더라도 이를 乙에게 상환할 필요는 없다.

① ㄱ ② ㄱ, ㄴ ③ ㄷ
④ ㄴ, ㄷ ⑤ ㄱ, ㄴ, ㄷ

29. 동시이행항변권에 관한 설명으로 틀린 것은?(다툼이 있으면 판례에 따름)

① 구분소유적 공유관계가 전부 해소된 경우, 공유지분권자 상호간의 지분이전등기의무는 동시이행관계에 있다.
② 근저당권 실행을 위한 경매가 무효로 된 경우, 매수인의 채무자에 대한 소유권이전등기 말소의무와 근저당권자의 매수인에 대한 배당금반환의무는 동시이행관계에 있지 않다.
③ 부동산 매매계약에서 매수인이 부가가치세를 부담하기로 약정한 경우, 특별한 사정이 없는 한 부가가치세를 포함한 매매대금 전부와 부동산의 소유권이전등기의무는 동시이행관계에 있다.
④ 가압류등기가 있는 부동산 매매계약의 경우, 특별한 사정이 없는 한 매도인의 가압류 등기의 말소의무는 매수인의 대금지급의무와 동시이행관계에 있다.
⑤ 동시이행항변권에 따른 이행지체책임 면제의 효력은 그 항변권을 행사·원용하여야 발생한다.

30. 계약의 성립에 관한 설명으로 옳은 것을 모두 고른 것은? (다툼이 있으면 판례에 따름)

> ㄱ. 청약자가 미리 정한 기간 내에 이의를 하지 아니하면 승낙한 것으로 간주한다는 뜻을 청약시 표시하였다고 하더라도 이는 상대방을 구속하지 않는다.
> ㄴ. 당사자 간에 동일한 내용의 청약이 상호 교차된 경우에는 양청약이 상대방에게 도달한 때에 계약이 성립한다.
> ㄷ. 관습에 의하여 승낙의 의사표시가 필요하지 아니한 경우, 계약의 성립시기는 청약자가 승낙의 의사표시로 인정되는 사실을 알게 된 때이다.
> ㄹ. 예약완결권자가 예약목적물인 부동산을 인도받은 경우에는 예약완결권은 제척기간의 경과로 인하여 소멸하지 않는다.

① ㄱ, ㄴ ② ㄴ, ㄷ ③ ㄷ, ㄹ
④ ㄱ, ㄴ, ㄷ ⑤ ㄱ, ㄴ, ㄹ

31. 甲이 200평의 토지를 乙에게 매도하는 계약을 체결하였다. 다음 설명 중 틀린 것은?

① 토지 전부가 丙의 소유이고 甲이 乙에게 이전할 수 없는 경우, 악의인 乙은 계약을 해제할 수 없다.
② 토지의 20평이 丙의 소유이고 甲이 이를 乙에게 이전할 수 없는 경우, 악의인 乙은 대금 감액을 청구할 수 있다.
③ 수량을 지정하여 매매하였으나 토지를 측량해 본 결과 180평인 경우, 악의인 乙은 대금 감액을 청구할 수 없다.
④ 토지 위에 설정된 지상권으로 인하여 乙이 계약의 목적을 달성할 수 없는 경우, 乙은 선의인 경우에 한하여 계약을 해제할 수 있다.
⑤ 토지 위에 설정된 저당권의 실행으로 乙이 그 토지의 소유권을 취득할 수 없게 된 경우, 악의인 乙은 계약의 해제뿐만 아니라 손해배상도 청구할 수 있다.

32. 임대차에 관한 설명으로 옳은 것은? (다툼이 있으면 판례에 따름)

① 토지임차인이 지상물만을 타인에게 양도하더라도 임대차가 종료하면 그 임차인이 매수청구권을 행사할 수 있다.
② 임대인에게 수선의무가 있으므로, 임차인의 필요비상환청구권을 포기하기로 한 약정은 임차인에게 불리하므로 무효이다.
③ 임대인의 동의를 얻어 부속된 물건이 오로지 임차인의 특수목적에 사용하기 위하여 부속된 것인 경우에도 부속물매수청구권을 행사할 수 있다.
④ 임대인은 보증금반환채권에 대한 전부명령이 송달된 후에 발생한 연체차임을 보증금에서 공제할 수 없다.
⑤ 임대인이 수선의무를 이행함으로써 목적물의 사용・수익에 지장이 초래된 경우 임차인은 그 지장의 한도 내에서 차임지급을 거절할 수 있다.

33. 임대차에 관한 설명으로서 틀린 것을 모두 고른 것은? (다툼이 있으면 판례에 따름)

> ㄱ. 임차인이 임대인의 동의 없이 임차권을 양도한 경우, 무단양도계약은 무효이다.
> ㄴ. 건물임차인은 건물의 소부분에 대해서는 임대인의 동의 없이 제3자에게 사용하게 할 수 있다.
> ㄷ. 부동산 소유자인 임대인은 특별한 사정이 없는 한 임대차기간을 영구로 정하는 부동산 임대차계약을 체결할 수 있다.
> ㄹ. 임차인의 채무불이행으로 임대차계약이 해지된 경우에도 임차인은 임대인의 동의하에 설치한 부속물의 매수청구를 할 수 있다.

① ㄱ, ㄷ ② ㄴ, ㄷ ③ ㄱ, ㄹ
④ ㄴ, ㄹ ⑤ ㄷ, ㄹ

34. 甲은 2025년 1월 29일에 그 소유 토지를 乙에게 10억원에 매도하는 계약을 체결하면서 계약금은 1억원으로 하고, 2025년 2월 29일에 중도금 4억원을 지급받음과 동시에 소유권이전등기를 넘겨주고, 잔금은 2025년 3월 29일까지 지급받기로 하였다. 이에 관한 설명으로 옳은 것을 모두 고른 것은? (다툼이 있으면 판례에 따름)

> ㄱ. 乙이 약정대로 중도금까지 지급하고 소유권이전등기를 경료하였으나, 2025년 3월 29일에 잔금을 지급하지 않은 경우, 甲은 즉시 계약을 해제할 수 있다.
> ㄴ. 등기를 취득한 乙이 2025년 4월 16일에 丙에게 매도하고 이전등기를 해준 뒤, 甲이 乙의 채무불이행을 이유로 적법하게 계약을 해제한 경우, 丙이 乙과의 계약 당시 乙의 채무불이행 사실을 알았더라도 甲은 丙 명의 등기의 말소를 청구할 수 없다.
> ㄷ. 乙이 등기를 취득한 후 甲이 2025년 4월 25일에 乙의 채무불이행을 이유로 적법하게 계약을 해제하였으나 乙 명의의 등기를 말소하기 전에 丙 명의의 저당권등기가 이루어진 경우, 丙이 계약해제 사실을 몰랐다면 甲은 丙 명의 등기의 말소를 청구할 수 없다.

① ㄱ ② ㄷ ③ ㄱ, ㄴ
④ ㄴ, ㄷ ⑤ ㄱ, ㄴ, ㄷ

35. 집합건물의 소유 및 관리에 관한 법률에 관한 설명으로 틀린 것은?(다툼이 있으면 판례에 따름)

① 공용부분은 취득시효에 의한 소유권 취득의 대상이 되지 않는다.
② 구조상의 공용부분에 관한 물권의 득실변경은 별도로 등기를 하여야 한다.
③ 공용부분 관리비에 대한 연체료는 특별한 사정이 없는 한 특별승계인에게 승계되는 공용부분 관리비에 포함되지 않는다.
④ 구분소유자 중 일부가 복도, 계단과 같은 공용부분의 일부를 아무런 권원 없이 점유·사용하는 경우, 특별한 사정이 없는 한 다른 구분소유자들에게 임료 상당의 손해가 발생한 것으로 볼 수 있다.
⑤ 어느 부분이 공용부분인지 전유부분인지는 구분소유자들 사이에 다른 합의가 없는 한 그 건물의 구조에 따른 객관적인 용도에 의하여 결정된다.

36. 甲이 乙로부터 융자를 받을 수 있도록 하기 위하여 丙이 자신의 소유 건물을 乙에게 양도담보하고 乙 앞으로 소유권이전등기를 하였다. 다음 중 틀린 것은?

① 乙이 귀속청산을 하기 위해서는 甲과 丙 모두에게 실행통지를 해야 한다.
② 乙은 건물의 화재로 丙이 취득한 화재보험금청구권에 대하여 물상대위권을 행사할 수 있다.
③ 乙은 담보권실행으로서 丙로부터 임차하여 건물을 점유하고 있는 丁에게 그 인도를 청구할 수 있다.
④ 丁이 건물을 불법으로 점유하고 있는 경우, 乙은 丁을 상대로 차임 상당의 손해배상을 청구할 수 있다.
⑤ 甲의 乙에 대한 채무의 변제기 전에 乙이 丁에게 양도한 경우, 丁이 선의인 경우에는 丁은 완전한 소유권을 취득한다.

37. 주택임대차보호법상 임차인의 계약갱신요구권에 관한 설명으로 옳은 것을 모두 고른 것은?

ㄱ. 임차인은 계약갱신요구권을 1회에 한하여 행사할 수 있으며, 이 경우 갱신되는 임대차의 존속기간은 2년으로 본다.
ㄴ. 임차인의 계약갱신요구권에 의해 갱신된 경우, 임대인과 임차인은 해지통고를 할 수 없다.
ㄷ. 임차인이 임차한 주택의 전부 또는 일부를 경과실로 파손한 경우, 임대인은 임차인의 계약갱신요구를 거절할 수 없다.

① ㄱ ② ㄴ ③ ㄷ
④ ㄱ, ㄴ ⑤ ㄱ, ㄷ

38. 甲소유의 대지 위에 있는 甲의 주택을 임차한 乙은 주택임대차보호법상 보증금 중 일정액을 최우선변제받을 수 있는 소액임차인이다. 다음 중 틀린 것은?(다툼이 있으면 판례에 따름)

① 주택의 경매절차에서 乙이 다른 채권자에 우선하여 변제받으려면 집행법원에 배당요구 종기일 이전에 배당을 요구하여야 한다.
② 대지에 저당권이 설정된 후 주택이 신축된 경우라면 乙은 저당권에 기한 대지의 경매절차에서 최우선변제를 주장할 수 없다.
③ 甲이 대지만을 丙에게 매도한 뒤 그 대지가 경매되는 경우, 乙은 대지의 매각대금에서 최우선변제를 받을 수 없다.
④ 주택과 대지가 함께 경매된 경우에도, 乙은 대지의 매각대금에서 최우선변제를 받을 수 있다.
⑤ 대지에 저당권을 설정할 당시 주택이 미등기인 채 이미 존재하였다면, 乙은 저당권에 기한 대지의 경매절차에서 최우선변제를 주장할 수 있다.

39. 상가건물 임대차보호법에 관한 설명 중 틀린 것은?(다툼이 있으면 판례에 따름)

① 사업자등록의 대상이 아닌 건물에 대해서는 동법이 적용되지 않는다.
② 최초의 임대차기간을 포함한 전체 임대차기간이 10년을 초과하여 임차인이 계약갱신요구권을 행사할 수 없는 경우에는 임대인은 임차인의 권리금 회수기회를 보호할 의무가 없다.
③ 임차인이 건물의 인도와 사업자등록을 신청한 때에는 그 다음 날부터 제3자에 대하여 효력이 생긴다.
④ 임대차가 종료된 후 보증금을 반환받지 못한 임차인은 임차건물의 소재지를 관할하는 법원에 임차권등기명령을 신청할 수 있다.
⑤ 임차인이 3기의 차임액에 달하도록 차임을 연체한 사실이 있는 경우에는 계약갱신요구를 거절할 수 있다.

40. 부동산 실권리자명의 등기에 관한 법률상 명의신탁에 관한 설명으로 옳은 것은?(다툼이 있으면 판례에 따름)

① 농지법에 따른 제한을 피하기 위하여 명의신탁을 한 경우에도 그에 따른 수탁자 명의의 소유권이전등기가 불법원인급여라고 할 수 없다.
② 양자간 명의신탁이 무효인 경우, 신탁자는 수탁자에게 명의신탁의 해지를 원인으로 등기말소를 청구할 수 있다.
③ 부동산 명의신탁약정의 무효는 수탁자로부터 그 부동산을 취득한 악의의 제3자에게 대항할 수 있다.
④ 부동산경매절차에서 명의신탁관계가 성립한 경우, 경매목적물의 소유자가 명의신탁사실을 알았다면 수탁자는 소유권을 취득할 수 없다.
⑤ 명의신탁이 무효인 경우, 신탁자와 수탁자가 혼인하면 명의신탁약정이 체결된 때부터 위 명의신탁은 유효하게 된다.

2025년도 제36회 시험대비 THE LAST 모의고사
김덕수 민법·민사특별법

회차	문제수	시험과목
1회	40	민법·민사특별법

수험번호		성명	

【정답 및 해설】

박문각은 여러분의 제36회 공인중개사 시험 합격을 진심으로 응원합니다!

민법 및 민사특별법 중 부동산 중개에 관련되는 규정

1. ④	2. ④	3. ③	4. ⑤	5. ①	6. ③	7. ②	8. ③
9. ②	10. ①	11. ①	12. ③	13. ③	14. ④	15. ⑤	16. ④
17. ①	18. ②	19. ⑤	20. ⑤	21. ④	22. ⑤	23. ⑤	24. ①
25. ④	26. ②	27. ④	28. ①	29. ⑤	30. ③	31. ⑤	32. ①
33. ③	34. ①	35. ③	36. ③	37. ⑤	38. ②	39. ④	40. ②

1. ④
난이도 下

④ 유언, 유증, 재단법인 설립행위, 소유권의 포기는 상대방 없는 단독행위이다.

2. ④
난이도 中

④ 추인의 의사표시는 상대방의 특별승계인(전득자)에 대해서도 할 수 있으므로, 甲이 丁에게 추인하면 무권대리행위에 대한 추인의 효과가 발생한다.

3. ③
난이도 中

① 불공정한 법률행위는 당사자가 무효임을 알고 추인한 경우에도 유효로 될 수 없다.
② 무경험은 어느 특정 영역에서의 경험부족이 아니라 거래일반에 대한 경험부족을 의미한다.
④ 증여와 같은 무상행위는 불공정한 법률행위가 될 수 없다.
⑤ 대리인에 의한 법률행위의 경우, 궁박 상태에 있었는지 여부는 본인을 기준으로 판단한다.

4. ⑤
난이도 下

① 대리인이 수인인 때에는 각자가 본인을 대리하는 것이 원칙이다.
② 권한을 정하지 아니한 대리인은 보존행위 및 대리의 목적인 물건이나 권리의 성질을 변하지 아니하는 범위에서 이용 또는 개량행위를 할 수 있다.
③ 임의대리의 원인된 법률관계가 종료하기 전이라도 본인은 수권행위를 철회할 수 있다.
④ 대리인이 대리권을 남용한 경우에도 유권대리이므로, 본인이 책임을 지는 것이 원칙이다.

5. ①
난이도 上

ㄴ. 선의인 丙이 저당권을 취득한 경우에도 X부동산의 소유자는 여전히 甲이므로, 甲은 乙에게 진정명의회복을 위한 소유권이전등기를 청구할 수 있다.
ㄷ. 丙이 악의인 경우에도 丁은 선의라면 소유권을 취득할 수 있다.

6. ③
난이도 中

③ 수사기관에서 허위진술을 하는 대가로 한 급부약정은 그 급부의 상당성 여부를 판단할 필요 없이 반사회질서의 법률행위에 해당한다.

7. ②
난이도 中

② 법률에 관한 착오라도 그것이 법률행위의 내용의 중요부분에 관한 것인 때에는 취소사유가 될 수 있다.

8. ③
난이도 中

① 고지의무는 조리상 일반원칙에 의해서도 인정될 수 있다.
② 제3자의 사기로 의사표시를 한 경우, 표의자는 상대방이 그 사실을 과실로 알지 못한 경우에도 취소할 수 있다.
④ 강박에 의해 의사결정의 자유가 완전히 박탈되지 않는 한 당연히 무효가 되는 것은 아니다.
⑤ 토지거래허가를 받지 않아 유동적 무효 상태에 있는 법률행위라도 사기에 의한 의사표시의 요건이 충족된 경우 사기를 이유로 취소할 수 있다.

9. ②
난이도 下

ㄱ. 조건성취의 효력은 원칙적으로 소급효가 없다.
ㄹ. 사회질서에 반하는 조건을 붙인 법률행위는 그 조건만이 무효인 것이 아니라 법률행위 전체가 무효이다.

10. ①
난이도 中

② 강박에 의한 의사표시를 취소하여 무효가 된 법률행위도 그 무효원인이 종료된 경우에는 무효행위 추인의 요건에 따라 다시 추인할 수 있다.
③ 법정대리인이 추인하는 경우에는 취소의 원인이 소멸하기 전에도 추인의 효력이 있다.
④ 취소권자의 상대방이 그 취소할 수 있는 행위로 취득한 권리를 양도하는 경우에는 법정추인이 될 수 없다.
⑤ 하나의 법률행위의 일부분에만 취소사유가 있다고 하더라도 그 법률행위가 가분적이거나 그 목적물의 일부가 특정될 수 있다면, 그 나머지 부분이라도 이를 유지하려는 당사자의 가정적 의사가 인정되는 경우 그 일부만의 취소도 가능하다.

11. ①
난이도 中

① 선의의 점유자는 비록 법률상 원인 없이 타인의 건물을 점유·사용하고 이로 말미암아 그에게 손해를 입혔다고 하더라도 그 점유·사용으로 인한 이득을 반환할 의무는 없다(대판 1996.1.26, 95다44290).

12. ③
난이도 中

ㄷ. 소수지분권자가 다른 공유자와 협의 없이 공유물의 전부 또는 일부를 독점적으로 점유·사용하고 있는 경우, 다른 소수지분권자는 공유물의 보존행위로서 그 인도를 청구할 수는 없고, 다만 자신의 지분권에 기초하여 공유물에 대한 방해제거를 청구할 수 있다(대판 전합 2020.5.21, 2018다287522).

13. ③
난이도 中

ㄷ. 부동산매매로 인한 소유권이전등기청구권은 특별한 사정이 없는 한 권리의 성질상 양도가 제한되고 양도에 채무자의 승낙이나 동의를 요한다.

14. ④ 　　　　　　　　　　　　　　　　난이도 中
④ 소유자가 제3자에게 그 소유 물건에 대한 처분권한을 유효하게 수여하였더라도 제3자의 처분이 없다면 소유자는 그 제3자 이외의 자에 대해 소유권에 기한 물권적 청구권을 행사할 수 있다(대판 2014.3.13, 2009다105215).

15. ⑤ 　　　　　　　　　　　　　　　　난이도 上
⑤ 점유취득시효완성으로 인한 채권관계는 계약관계가 아니라 법률규정에 의한 채권관계이므로, 불법행위책임은 발생할 수 있으나 채무불이행책임은 발생할 수 없다.

16. ④ 　　　　　　　　　　　　　　　　난이도 中
ㄱ. 중간생략등기에 관한 합의가 없더라도, 중간생략등기가 이루어져서 실체관계에 부합하면 그 등기는 유효이다.
ㄴ. 중간생략등기에 관한 합의가 있더라도, 甲의 乙에 대한 소유권이전등기의무가 소멸하는 것은 아니다.
ㄹ. 토지거래허가구역 내에서 중간생략등기의 합의가 있다고 하여 최초의 매도인과 최종의 매수인 사이에 매매계약이 체결되었다는 것을 의미하는 것은 아니므로, 최종 매수인은 최초 매도인에 대하여 직접 그 토지에 관한 토지거래허가 신청절차의 협력의무 이행청구권을 가지고 있다고 할 수 없다(대판 1996.6.28, 96다3982).

17. ① 　　　　　　　　　　　　　　　　난이도 中
② 가등기는 본등기 순위보전의 효력만이 있고, 후일 본등기가 마쳐진 때에는 본등기의 순위가 가등기한 때로 소급함으로써 가등기 후 본등기 전에 이루어진 중간처분이 본등기보다 후 순위로 되어 실효될 뿐이고, 본등기에 의한 물권변동의 효력이 가등기한 때로 소급하여 발생하는 것은 아니다(대판 1981.5.26, 80다3117).
③ 등기는 효력발생요건이지 효력존속요건은 아니므로, 근저당권등기가 원인 없이 말소된 경우, 그 회복등기가 마쳐지기 전이라도 말소된 등기의 등기명의인은 적법한 권리자로 추정된다.
④ 멸실된 건물의 보존등기를 멸실 후 신축한 건물의 보존등기로 유용하는 것은 허용되지 않는다.
⑤ 미등기건물의 원시취득자와 그 승계취득자 사이의 합의에 의하여 직접 승계취득자명의로 소유권보존등기를 한 경우, 그 등기는 유효이다.

18. ② 　　　　　　　　　　　　　　　　난이도 中
① 점유자의 권리추정의 규정은 특별한 사정이 없는 한 등기되어 있는 부동산물권에 대하여는 적용되지 않는다(대판 1970.7.24, 70다729).
③ 미등기건물의 양수인은 그 건물에 대한 사실상의 처분권을 보유하고 있으므로, 건물의 부지를 점유하는 것으로 볼 수 있다(대판 2003.11.13, 2002다57935).
④ 소유의 의사는 점유권원의 객관적 성질에 의하여 결정된다.
⑤ 진정 소유자가 자신의 소유권을 주장하며 점유자를 상대로 토지에 관한 소유권이전등기의 말소소송을 제기하여 점유자의 패소로 확정되었다면, 점유자의 토지에 대한 점유는 패소판결 확정 후부터는 타주점유로 전환된다(대판 1996.10.11, 96다19857).

19. ⑤ 　　　　　　　　　　　　　　　　난이도 中
⑤ 건물이 증축된 경우에 증축부분이 본래의 건물에 부합된 경우, 본래의 건물에 대한 경매절차에서 경매목적물로 평가되지 아니하였다고 할지라도 경락인은 그 부합된 증축부분의 소유권을 취득한다(대판 1981.11.10, 80다2757).

20. ⑤ 　　　　　　　　　　　　　　　　난이도 中
① 전세권자는 전세권설정자의 동의 없이도 전세권을 양도할 수 있다.
② 대지와 건물이 동일한 소유자에 속한 경우에 건물에 전세권을 설정한 때에는 그 대지소유권의 특별승계인은 전세권설정자에 대하여 지상권을 설정한 것으로 본다.
③ 타인의 토지에 있는 건물에 전세권을 설정한 때에는 전세권의 효력은 그 건물의 소유를 목적으로 한 지상권 또는 임차권에 미친다.
④ 건물전세권설정자가 건물의 존립을 위한 토지사용권을 가지지 못하여 그가 토지소유자의 건물철거청구에 대항할 수 없는 경우, 전세권자는 토지소유자의 권리행사에 대항할 수 없다(대판 2010.8.19, 2010다43801).

21. ④ 　　　　　　　　　　　　　　　　난이도 中
④ 지상권자는 지상권과 지상물을 각각 분리하여 양도할 수 있다.

22. ⑤ 　　　　　　　　　　　　　　　　난이도 中
ㄱ. 승역지는 반드시 1필의 토지일 필요가 없다.

23. ⑤ 　　　　　　　　　　　　　　　　난이도 中
⑤ 저당목적물의 변형물인 금전 기타 물건에 대하여 이미 제3자가 압류하여 그 금전 기타 물건이 특정된 이상 저당권자는 스스로 이를 압류하지 않고서도 물상대위권을 행사할 수 있다.

24. ② 　　　　　　　　　　　　　　　　난이도 上
ㄱ. 丙이 경매를 신청한 때에는 경락대금완납시에 乙의 피담보채권이 확정된다.
ㄷ. 제3취득자 丁은 3억원을 변제하면 丙의 근저당권의 소멸을 청구할 수 있다.

25. ④ 　　　　　　　　　　　　　　　　난이도 中
① 유치권 포기로 인한 유치권의 소멸은 유치권 포기의 의사표시의 상대방뿐 아니라 그 이외의 사람도 주장할 수 있다(대판 2016.5.12, 2014다52087).
② 유치권에도 불가분성이 인정되므로, 유치권자가 피담보채권의 일부를 변제받더라도 유치물 전부에 대하여 유치권을 행사할 수 있다.
③ 수급인이 자신의 노력과 재료를 들여 신축한 건물은 수급인 자신의 소유에 속하므로, 수급인은 유치권을 행사할 수 없다(대판 2011.8.25, 2009다67443·67450).
⑤ 유치권은 목적물을 유치함으로써 채무자의 변제를 간접적으로 강제하는 것을 본체적 효력으로 하는 권리인 점 등에 비추어, 그 직접점유자가 채무자인 경우에는 유치권의 요건으로서의 점유에 해당하지 않는다고 할 것이다(대판 2008.4.11, 2007다27236).

26. ②   난이도 下
② 교환계약은 낙성계약이다.

27. ④   난이도 中
ㄴ. 제3자를 위한 계약에서 제3자는 계약의 내용에 포함되는 자이므로 제3자 보호규정에 있어서의 제3자에 해당되지 않는다.
ㄷ. 乙은 매매계약 자체에 기한 항변으로 수익자 丙에게 대항할 수 있으므로, 乙은 동시이행의 항변권에 기하여 丙에게 대항할 수 있다.

28. ①   난이도 中
① 상대방은 원시적 불능에 대하여 선의·무과실이어야 하므로, 상대방이 그 불능을 알 수 있었을 경우에는 계약체결상의 과실책임은 발생하지 않는다.

29. ⑤   난이도 中
⑤ 저당권의 행사로 매수인이 소유권을 상실한 경우에는 악의인 매수인도 해제 및 손해배상을 청구할 수 있다.

30. ③   난이도 中
③ 매도인이 매수인에 대하여 매매계약의 이행을 최고하고 매매잔대금의 지급을 구하는 소송을 제기한 것만으로는 이행에 착수하였다고 볼 수 없다(대판 2008.10.23, 2007다72274·72281).

31. ⑤   난이도 上
⑤ 건물의 소유를 목적으로 하는 토지임대차는 이를 등기하지 아니한 경우에도 임차인이 지상건물을 등기한 때에는 제3자에 대하여 임대차의 효력이 생긴다(제622조 제1항).

32. ①   난이도 中
ㄱ. 甲과 乙이 합의로 임대차계약을 해지한 경우에는 丙의 전차권은 소멸하지 않는다.

33. ③   난이도 中
① 동시이행항변권이 붙은 채권은 이를 자동채권으로 하여 상계하지 못한다.
② 쌍무계약의 당사자 일방이 먼저 한 번 현실의 제공을 하고 상대방을 수령지체에 빠지게 하였다 하더라도 그 이행의 제공이 계속되지 않는 한, 과거에 이행의 제공이 있었다는 사실만으로 상대방이 가지는 동시이행항변권이 소멸하는 것은 아니다(대판 1999.7.9, 98다13754).
④ 원고가 제기한 이행청구소송에서 피고가 동시이행항변권을 주장하는 경우 법원은 상환급부판결을 한다.
⑤ 선이행의무자의 이행지체 중에 후이행의무자의 변제기가 도래한 경우에는 선이행의무자도 동시이행항변권을 주장할 수 있다.

34. ①   난이도 中
① 계약이 해제된 경우, 원상회복의무의 이행으로 반환할 금전에는 그 받은 날로부터 이자를 가하여야 한다.

35. ③   난이도 中
③ 공용부분은 전유부분의 지분비율에 따라 사용하는 것이 아니라 그 용도에 따라 사용한다.

36. ③   난이도 中
③ 실행통지 당시 담보물의 평가액이 피담보채권액에 미달하는 경우(청산금이 없는 경우)에도 가등기담보권자는 실행통지를 하여야 한다.

37. ⑤   난이도 上
ㄴ. 丁이 명의신탁 사실을 알고 丙으로부터 X토지를 매수하고 소유권이전등기를 한 경우라도 丁은 원칙적으로 소유권을 취득한다.

38. ②   난이도 下
② 법정갱신된 경우, 임차인은 언제든지 임대인에 대하여 계약의 해지를 통고할 수 있으나, 임대인은 해지통고를 할 수 없다.

39. ④   난이도 上
①④ 丙의 임차권은 경매로 소멸하므로, A는 임대인의 지위를 승계하지 않는다.
② 가압류채권자 丁과 후순위저당권자 戊는 동순위로 배당받는다.
③ 甲이 선순위저당권자이므로, 丙은 甲에 우선하여 보증금에 대해 우선변제를 받을 수 없다.
⑤ 丙의 배당요구가 없어서 丁과 戊에게 배당된 경우, 丙은 丁과 戊에게 부당이득반환을 청구할 수 없다.

40. ②   난이도 中
① 확정일자는 대항요건이 아니다.
③ 임차인이 폐업신고를 하였다가 다시 같은 상호 및 등록번호로 사업자등록을 하면, 처음의 대항력이 그대로 유지되는 것이 아니라 새로운 대항력을 취득하게 된다.
④ 임차인의 차임연체액이 3기의 차임액에 달하는 때에는 임대인은 계약을 해지할 수 있다.
⑤ 임차권등기명령에 의한 임차권등기가 된 상가건물을 그 등기 후에 임차한 임차인에게는 소액보증금 중 일정액에 대한 최우선변제권이 인정되지 않는다.

2025년도 제36회 시험대비 THE LAST 모의고사
김덕수 민법·민사특별법

회차	문제수	시험과목
2회	40	민법·민사특별법

수험번호		성명	

【정답 및 해설】

박문각은 여러분의 제36회 공인중개사 시험 합격을 진심으로 응원합니다!

민법 및 민사특별법 중 부동산 중개에 관련되는 규정

1. ①	2. ③	3. ⑤	4. ②	5. ①	6. ④	7. ①	8. ②
9. ⑤	10. ⑤	11. ③	12. ③	13. ⑤	14. ②	15. ①	16. ④
17. ④	18. ②	19. ⑤	20. ①	21. ①	22. ⑤	23. ④	24. ③
25. ④	26. ⑤	27. ②	28. ①	29. ④	30. ②	31. ③	32. ③
33. ①	34. ④	35. ③	36. ⑤	37. ⑤	38. ①	39. ②	40. ②

1. ①   난이도 中

ㄴ. 乙은 금전채권자가 아니므로 甲과 丙 사이의 매매계약에 대해 채권자취소권을 행사할 수 없다.
ㄷ. 丙으로부터 전득한 丁은 선의이더라도 甲과 丙 사이의 매매계약의 유효를 주장할 수 없다.

2. ③   난이도 上

③ 계약상 지위를 이전받은 자는 새로운 법률상 이해관계를 가지게 된 제3자에 해당하지 않는다(대판 2004.1.15, 2002다31537).
① 통정허위표시에 의하여 외형상 형성된 법률관계로 생긴 채권을 가압류한 경우, 그 가압류권자는 제3자에 해당한다.
② 대리인이 상대방과 통정허위표시를 한 경우, 본인은 제3자가 아니므로 본인은 허위표시의 유효를 주장할 수 없다.
④ 가장양도인의 채권자는 허위표시를 기초로 새로운 법률상의 이해관계를 맺은 제3자에 해당하지 않는다.
⑤ 파산관재인은 그가 비록 통정허위표시에 대해 악의였다고 하더라도 파산채권자 모두가 악의로 되지 않는 한 선의의 제3자로 인정된다.

3. ⑤   난이도 下

⑤ 매수인의 중도금 미지급을 이유로 매도인이 계약을 적법하게 해제한 후에도 매수인은 착오를 이유로 그 계약 전체를 취소할 수 있다.

4. ②   난이도 中

② 법정대리인이 추인하는 경우에는 취소의 원인이 소멸하기 전에도 추인의 효력이 있다.

5. ①   난이도 下

① 도달이란 사회통념상 요지할 수 있는 상태에 달한 때를 말한다(대판 1997.11.25, 97다31281).

6. ④   난이도 中

④ 표현대리가 성립하는 경우, 상대방에게 과실이 있더라도 과실상계의 법리가 유추적용되어 본인의 책임이 경감될 수 없다.

7. ①   난이도 中

ㄴ. 경매에 있어서 경락가격이 경매부동산의 시가에 비하여 현저히 저렴한 경우라도 불공정한 법률행위가 인정될 여지가 없다.
ㄷ. 불공정한 법률행위로서 무효를 주장하려면 주장자 측에서 모든 요건을 주장·입증해야 한다. 따라서 현저한 불균형이 있더라도 피해자의 궁박 등이 추정되지 않는다.

8. ②   난이도 中

ㄷ. 매매계약을 체결할 권한을 수여받은 대리인에게 본래의 계약관계를 해제할 권한은 없다.

9. ⑤   난이도 中

⑤ 토지거래허가구역 안에 있는 토지에 관하여 중간생략등기의 합의가 있었다고 하더라도, 이를 최초 매도인과 최종 매수인 사이에 매매계약이 체결되었다고 볼 수는 없으므로, 최종 매수인은 최초 매도인에 대하여 직접 허가신청절차의 협력을 청구할 수 없다(대판 1997.3.14, 96다22464).

10. ⑤   난이도 中

① 정지조건이 법률행위 당시 이미 성취된 경우에는 조건 없는 법률행위가 된다.
② 당사자가 조건성취의 효력을 그 성취 전에 소급하게 할 의사를 표시한 경우, 그 의사표시는 유효이다.
③ 기한은 특별한 사정이 없는 한 채무자의 이익을 위한 것으로 추정한다.
④ 기한이익 상실의 약정은 특별한 사정이 없으면 형성권적 기한이익 상실의 약정으로 추정한다.

11. ③   난이도 中

③ 1동의 건물은 그 전체를 경락허가의 대상으로 삼아야 할 것이고 그 일부분을 분리하여 따로 경락허가의 대상으로 삼을 수는 없는 것이므로, 부속건물로 등기된 창고건물은 분할등기 없이 원채인 주택과 분리하여 경매로 매각될 수 없다(대결 1990.10.11, 90마679).

12. ③   난이도 中

③ 부동산에 대한 합유지분의 포기는 법률행위이므로 등기를 해야 포기의 효력이 생긴다.

13. ⑤   난이도 中

⑤ 점유의 승계가 있는 경우 전 점유자의 점유가 타주점유라 하여도 점유자의 승계인이 자기의 점유만을 주장하는 경우에는 현 점유자의 점유는 자주점유로 추정된다(대판 2008.7.10, 2006다82540).

14. ②   난이도 中

ㄱ. 가등기는 부동산물권 및 이에 준하는 권리의 변동을 목적으로 하는 채권적 청구권을 보전하기 위하여 하는 것이므로, 물권적 청구권을 보전하기 위하여는 가등기를 할 수 없다(대판 1982.11.23, 81다카1110).
ㄹ. 소유자인 임대인도 간접점유자로서 침해자에 대하여 점유보호청구권을 행사할 수 있다.

15. ①　　　　　　　　　　　　　　　　　　　　　　난이도 上
① 과반수 지분의 공유자로부터 특정 부분의 사용·수익을 허락받은 제3자의 점유는 적법한 점유이므로 그 제3자는 소수지분권자에 대하여 그 점유로 인하여 법률상 원인 없이 이득을 얻고 있다고는 볼 수 없다(대판 2002.5.14, 2002다9738).

16. ④　　　　　　　　　　　　　　　　　　　　　　난이도 上
④ 甲이 본권에 관한 소송에서 패소한 때에는 그 소가 제기된 때인 2008년 5월 7일 이후에는 악의의 점유자로 간주되므로 점유자의 과실로 인한 목적물의 훼손에 대해서는 손해의 전부를 배상하여야 한다.

17. ④　　　　　　　　　　　　　　　　　　　　　　난이도 中
④ 임야소유권 이전등기에 관한 특별조치법(법률 제2111호)에 의한 소유권보존등기가 경료된 임야에 관하여서는 그 임야를 사정받은 사람이 따로 있는 것으로 밝혀진 경우라도 그 등기는 동법 소정의 적법한 절차에 따라 마쳐진 것으로서 실체적 권리관계에 부합하는 등기로 추정된다 할 것이므로 위 특별조치법에 의하여 경료된 소유권보존등기의 말소를 소구하려는 자는 그 소유권보존등기 명의자가 임야대장의 명의변경을 함에 있어 첨부한 원인증서인 위 특별조치법 제5조 소정의 보증서와 확인서가 허위 내지 위조되었다던가 그 밖에 다른 어떤 사유로 인하여 그 소유권보존등기가 위 특별조치법에 따라 적법하게 이루어진 것이 아니라는 주장과 입증을 하여야 한다(대판 전합 1987.10.13, 86다카2928).
① 사망자 명의로 신청하여 이루어진 이전등기는 특별한 사정이 없는 한 등기의 추정력이 인정되지 않는다.
② 허무인(虛無人)으로부터 소유권이전등기를 이전받은 경우에는 등기의 추정력이 인정될 수 없다.
③ 소유권이전청구권 보전을 위한 가등기가 있다고 하여 소유권이전등기를 청구할 수 있는 법률관계가 존재한다고 추정되는 것은 아니다.
⑤ 부동산에 관하여 소유권이전등기가 마쳐져 있는 경우에는 그 등기명의자는 제3자에 대하여 뿐 아니라 그 전 소유자에 대하여서도 적법한 등기원인에 의하여 소유권을 취득한 것으로 추정되는 것이므로, 乙은 甲에게 등기의 추정력을 주장할 수 있다(대판 1994.9.13, 94다10160).

18. ②　　　　　　　　　　　　　　　　　　　　　　난이도 中
① 점유취득시효의 목적부동산이 압류가 되더라도 점유자의 점유가 중단되지 않는 한 점유취득시효는 중단되지 않는다.
③ 원소유자가 취득시효의 완성 이후 그 등기가 있기 전에 그 토지를 제3자에게 처분하거나 제한물권의 설정, 토지의 현상 변경 등 소유자로서의 권리를 행사하였다 하여 시효취득자에 대한 관계에서 불법행위가 성립하는 것이 아님은 물론 위 처분행위를 통하여 그 토지의 소유권이나 제한물권 등을 취득한 제3자에 대하여 취득시효의 완성 및 그 권리취득의 소급효를 들어 대항할 수도 없다. 따라서 원소유자에 의하여 그 토지에 설정된 근저당권은 소멸하지 않는다(대판 2006.5.12, 2005다75910).
④ 시효완성자가 점유를 상실하였다고 하더라도 이미 취득한 등기청구권이 바로 소멸되는 것은 아니다(대판 1995.3.28, 93다47745). 이때부터 등기청구권의 소멸시효가 진행된다.
⑤ 취득시효완성 후 등기명의인이 바뀐 경우, 등기명의가 바뀐 시점으로부터 다시 취득시효기간이 경과하면 취득시효완성을 주장할 수 있다.

19. ③　　　　　　　　　　　　　　　　　　　　　　난이도 中
③ 담보가등기가 마쳐진 나대지에 그 소유자가 건물을 신축한 후 그 가등기에 기한 본등기가 경료되어 대지와 건물의 소유자가 달라진 경우, 특별한 사정이 없는 한 관습법상 법정지상권은 발생하지 않는다.

20. ①　　　　　　　　　　　　　　　　　　　　　　난이도 下
① 요역지공유자 중 1인은 자신의 지분만에 대해서 지역권을 소멸시킬 수 없다.

21. ①　　　　　　　　　　　　　　　　　　　　　　난이도 下
② 전세권이 용익물권적인 성격과 담보물권적인 성격을 모두 갖추고 있는 점에 비추어 전세권 존속기간이 시작되기 전에 마친 전세권설정등기도 특별한 사정이 없는 한 유효한 것으로 추정된다(대결 2018.1.25, 2017마1093).
③ 전세금을 현실적으로 수수하여야 하는 것은 아니고, 기존의 채권으로 전세금의 지급에 갈음할 수 있다.
④ 전세권이 법정갱신된 경우, 전세권자는 갱신의 등기 없이도 전세목적물을 취득한 제3자에 대하여 전세권을 주장할 수 있다.
⑤ 전세권은 전세기간의 만료로 전세권설정등기의 말소등기 없이 당연히 소멸한다.

22. ③　　　　　　　　　　　　　　　　　　　　　　난이도 中
③ 점유는 유치권의 성립요건이자 존속요건이다. 따라서 점유를 회복하기 전에는 점유 회수의 소를 제기하여 점유를 회복할 수 있다는 사정만으로는 유치권이 되살아나지는 않는다(대판 2012.2.9, 2011다72189).

23. ④　　　　　　　　　　　　　　　　　　　　　　난이도 中
ㄱ. 토지와 건물이 일괄경매가 되더라도 저당권자는 건물의 경락대금에서 우선변제를 받을 수 없다.

24. ③　　　　　　　　　　　　　　　　　　　　　　난이도 中
① 피담보채무가 확정되기 이전 채무의 범위나 또는 채무자를 변경할 수 있는 것이고, 채무의 범위나 채무자가 변경된 경우에는 당연히 변경 후의 범위에 속하는 채권이나 채무자에 대한 채권만이 당해 근저당권에 의하여 담보되고, 변경 전의 범위에 속하는 채권이나 채무자에 대한 채권은 그 근저당권에 의하여 담보되는 채무의 범위에서 제외된다(대판 1999.5.14, 97다15777·15784).
② 근저당권자가 경매신청을 한 경우에는 경매신청시에 근저당권의 피담보채권액이 확정된다.
④ 채무자는 채권 전액을 변제해야 근저당권의 말소를 청구할 수 있다(대판 1981.11.10, 80다2712).
⑤ 근저당권의 목적물이 양도된 후 피담보채무가 소멸한 경우, 현재 소유자 뿐만 아니라 근저당권설정자인 종전 소유자도 근저당권설정등기의 말소를 청구할 수 있다.

25. ④　　　　　　　　　　　　　　　　　　　　　　난이도 上
④ 지료에 관하여 당사자 사이에 협의가 없으면 당사자의 신청에 의하여 법원이 이를 정한다. 이렇게 지료를 정한 바가 없다면 지료연체를 이유로 한 소멸청구를 할 수는 없다(대판 1993.6.29, 93다10781).

26. ⑤ 난이도 中
⑤ 乙이 승낙을 2020. 2. 10. 발송하여 甲에게 2020. 2. 15. 도달하였다면 계약성립일은 2020. 2. 10.이다.

27. ② 난이도 上
② 매수인의 귀책사유에 의해 이행불능이 된 경우에는 매수인이 위험을 부담하므로, 매수인은 매매대금을 지급할 의무가 있는 것이지 이를 이유로 계약을 해제할 수는 없다.

28. ① 난이도 中
ㄴ. 토지거래허가구역에서 매도인의 토지거래허가 신청절차 협력의무와 매수인의 매매대금지급의무는 동시이행관계가 아니다.
ㄷ. 주택임대인과 임차인 사이의 임대차보증금 반환의무와 임차권등기명령에 의해 마쳐진 임차권등기의 말소의무는 동시이행관계가 아니라 보증금 반환의무가 선이행의무이다.
ㄹ. 상가임대차계약 종료에 따른 임차인의 임차목적물 반환의무와 임대인의 권리금 회수 방해로 인한 손해배상의무는 발생원인이 서로 다르므로 동시이행관계가 아니다.

29. ④ 난이도 中
④ 건축을 목적으로 매매된 토지에 대하여 건축 허가를 받을 수 없어 건축이 불가능한 경우 등과 같은 법률적 제한 내지 장애는 매매목적물의 하자에 해당한다.

30. ② 난이도 中
② 甲은 乙의 채무불이행을 이유로 계약을 해제할 수 있으며, 丙의 동의도 필요 없다.

31. ③ 난이도 下
③ 합의해제의 경우, 손해배상에 대한 특약이 없는 한 채무불이행으로 인한 손해배상을 청구할 수 없다.

32. ③ 난이도 中
ㄷ. 매도인이 해약금에 의한 해제를 하려면 계약금의 배액을 제공하면 족하고, 상대방이 이를 수령하지 아니한다고 하여 이를 공탁할 필요는 없다.

33. ① 난이도 中
②③ 임대인의 동의를 얻어 신축한 것이 아니라도 매수청구의 대상이 되며, 임대인에게 경제적 가치가 있는지 여부도 불문한다.
④ 임차인 소유의 건물이 임대토지와 제3자 소유의 토지 위에 걸쳐서 건립된 경우, 임차인은 건물 전체에 대하여 매수청구를 할 수 없다.
⑤ 임차권이 소멸된 후 임대인이 그 토지를 제3자에게 양도하는 등 소유권이 이전된 경우에는 제3자에 대하여 대항할 수 있는 토지임차인은 그 신 소유자에게 매수청구권을 행사할 수 있다(대판 1977.4.26, 75다348).

34. ④ 난이도 中
① 甲의 동의 없이 전대하였으므로, 甲은 丙에게 X토지의 반환을 청구할 수 있다.
② 甲의 해지의 의사표시가 없는 한 甲은 乙에 대한 임대차계약상의 차임청구권을 상실하는 것은 아니다.
③ 甲의 해지의 의사표시가 있어야 해지의 효력이 발생한다.
⑤ 甲과 乙 사이의 임대차계약이 존속하는 동안에는 甲은 X토지의 불법점유를 이유로 丙에게 차임상당의 부당이득반환을 청구할 수 없다.

35. ③ 난이도 中
③ 소액보증금 중 일정액을 최우선하여 변제받기 위해서는 주택에 대한 경매신청등기 전까지 대항력을 갖추어야 한다. 이 경우 확정일자는 요건이 아니다.

36. ⑤ 난이도 上
ㄴ. 임대인이 임차인을 상대로 차임연체로 인한 임대차계약의 해지를 원인으로 임대차목적물인도 및 연체차임의 지급을 구하는 소송비용은 임대차관계에서 발생하는 임차인의 채무에 해당하므로 이를 반환할 보증금에서 당연히 공제할 수 있다(대판 2012.9.27, 2012다49490).
ㄷ. 임차인의 임대차보증금반환채권이 가압류된 상태에서 임대주택이 양도되면 양수인이 채권가압류의 제3채무자의 지위도 승계하므로, 가압류권자는 임대주택의 양도인이 아니라 양수인에 대하여만 가압류의 효력을 주장할 수 있다(대판 전합 2013.1.17, 2011다49523).
ㄱ. 임대차보증금이 임대인에게 교부되어 있더라도 임대인은 임대차관계가 계속되고 있는 동안에는 임대차보증금에서 연체차임을 충당할 것인지를 자유로이 선택할 수 있으므로, 임대차계약 종료 전에는 연체차임이 공제 등 별도의 의사표시 없이 임대차보증금에서 당연히 공제되는 것은 아니다(대판 2013.2.28, 2011다49608).

37. ⑤ 난이도 中
ㄴ. 촉구를 받은 구분소유자가 2개월 이내에 회답이 없는 경우에는 재건축에 참여하지 않겠다는 뜻을 통지한 것으로 본다.

38. ① 난이도 上
① 가등기담보자가 목적부동산의 경매를 청구하여 그 경매절차가 진행 중인 때에는 특별한 사정이 없는 한 가등기담보법 제3조에 따른 담보권을 실행할 수 없으므로 그 가등기에 따른 본등기를 청구할 수 없다(대판 2022.11.30, 2017다232167·232174).
② 甲은 청산금이 없는 경우에도 청산기간이 지난 후라야만 가등기에 기한 본등기를 청구할 수 있다.
③ 후순위저당권자 丙은 청산기간 내에 변제기 도래 전이라도 경매를 청구할 수 있다.
④ 청산기간이 지난 후에도 청산금이 지급되기 전에는 乙은 대여금을 변제하고 가등기말소를 청구할 수 있다.
⑤ 甲이 나름대로 평가한 청산금액이 객관적인 평가액에 미치지 못할 경우에도 실행통지는 효력이 있다.

39. ② 난이도 上
② 甲은 丙과 매매계약관계가 없으므로 丙에 대하여 소유권이전등기를 청구할 수 없다(대판 2013.9.12, 2010다95185).

40. ② 난이도 中
② 환산보증금을 초과하는 상가건물 임대차에는 임차권등기명령에 관한 규정이 적용되지 않는다.

2025년도 제36회 시험대비 THE LAST 모의고사
김덕수 민법·민사특별법

회차	문제수	시험과목
3회	40	민법·민사특별법

수험번호		성명	

【정답 및 해설】

박문각은 여러분의 제36회 공인중개사 시험 합격을 진심으로 응원합니다!

민법 및 민사특별법 중 부동산 중개에 관련되는 규정

1. ⑤	2. ②	3. ①	4. ⑤	5. ④	6. ①	7. ④	8. ④
9. ①	10. ③	11. ③	12. ⑤	13. ③	14. ①	15. ②	16. ③
17. ④	18. ④	19. ①	20. ②	21. ②	22. ⑤	23. ②	24. ④
25. ①	26. ④	27. ②	28. ②	29. ③	30. ①	31. ①	32. ⑤
33. ③	34. ④	35. ②	36. ④	37. ⑤	38. ③	39. ②	40. ①

1. ⑤ 　　　　　　　　　　　　　　　　　　　난이도 中

① 임차인의 비용상환청구권에 관한 규정은 임의규정에 해당한다.
② 부동산등기특별조치법상 등기하지 아니하고 제3자에게 전매하는 행위를 일정 목적범위 내에서 형사처벌하도록 되어 있으나 이로써 순차 매도한 당사자 사이의 중간생략등기 합의에 관한 사법상 효력까지 무효로 한다는 취지는 아니다(대판 1993.1.26, 92다39112).
③ 개업공인중개사가 중개의뢰인과 직접 거래하는 행위를 금지하는 공인중개사법 규정은 단속규정이다.
④ 강행규정에 위반한 법률행위에 기한 급부는 사회질서위반에 해당하지 않는 한 불법원인급여에 해당하지 않는다.

2. ② 　　　　　　　　　　　　　　　　　　　난이도 下

② 대리인에 의한 법률행위의 경우, 궁박 상태에 있었는지는 본인을 기준으로 판단한다.

3. ① 　　　　　　　　　　　　　　　　　　　난이도 中

② 본인의 승낙은 묵시적으로 할 수 있다.
③ 임의대리인이 본인의 승낙을 얻어 복대리인을 선임한 때에는 본인에 대하여 그 선임감독에 관한 책임이 있다.
④ 복대리인은 본인의 대리인이다.
⑤ 복대리인의 대리행위에 대해서도 표현대리는 성립할 수 있다.

4. ⑤ 　　　　　　　　　　　　　　　　　　　난이도 上

⑤ 보증인이 이행을 한 경우에는 제3자이지만, 이행을 하지 않은 경우에는 제3자에 해당하지 않는다(대판 2000.7.6, 99다51258).

5. ④ 　　　　　　　　　　　　　　　　　　　난이도 中

① 甲은 무권대리인 乙에게 추인할 수 있다.
② 악의의 丙도 甲에게 추인 여부의 확답을 최고할 수 있다.
③ 丙은 선의무과실인 경우에 한하여 乙은 丙에게 계약의 이행 또는 손해배상의 책임이 있다.
⑤ 乙이 甲을 단독상속한 경우, 乙은 본인의 지위에서 추인을 거절할 수 없다.

6. ① 　　　　　　　　　　　　　　　　　　　난이도 中

ㄱ. 부첩(夫妾)관계의 종료를 해제조건으로 하는 증여계약은 반사회질서의 법률행위로서 무효이다.
ㄴ. 부동산 매매계약에서 계약금을 수수한 후 당사자가 매매계약의 이행에 착수하기 전에 제3자가 매도인을 적극 유인하여 해당 부동산을 매수하였다면 매도인과 제3자 사이의 그 매매계약은 반사회질서의 법률행위가 아니다.
ㄷ. 도박채무의 변제를 위하여 채무자가 그 소유의 부동산 처분에 관하여 도박채권자에게 대리권을 수여하는 행위는 반사회질서의 법률행위라고 할 수 없다.
ㄹ. 전통사찰의 주지직을 거액의 금품을 대가로 양도·양수하기로 하는 약정이 있음을 알고도 이를 묵인 혹은 방조한 상태에서 한 종교법인의 주지임명행위는 반사회질서의 법률행위가 아니다.

7. ④ 　　　　　　　　　　　　　　　　　　　난이도 中

④ 법률상의 장애로 자기명의로 대출받을 수 없는 자를 위하여 대출금 채무자로서 명의를 빌려준 자는 특별한 사정이 없는 한 채무부담의사가 있는 것으로 봐야 하므로 그가 행한 대출계약상의 의사표시는 비진의표시라고 할 수 없다.

8. ④ 　　　　　　　　　　　　　　　　　　　난이도 中

① 토지매매에 있어서 특별한 사정이 없는 한 매수인이 측량을 통하여 매매목적물이 지적도상의 그것과 정확히 일치하는지 확인하지 않은 경우, 매수인의 중대한 과실은 인정되지 않는다.
② 표의자가 착오를 이유로 의사표시를 취소하여 상대방이 손해를 입은 경우라도 상대방은 불법행위를 이유로 손해배상을 청구할 수는 없다.
③ 중대한 과실 유무에 관한 증명책임은 의사표시의 효력을 주장하려는 상대방에게 있다.
⑤ 착오에 관한 규정은 임의규정이므로, 당사자의 합의로 착오로 인한 취소규정의 적용을 배제할 수 있다.

9. ① 　　　　　　　　　　　　　　　　　　　난이도 中

① 대리인의 기망행위로 계약을 체결한 상대방은 본인이 대리인의 기망행위에 대해 선의·무과실이라도 계약을 취소할 수 있다.

10. ③ 　　　　　　　　　　　　　　　　　　　난이도 中

③ 조건의 성취로 인하여 불이익을 받을 당사자가 신의성실에 반하여 조건의 성취를 방해한 경우, 조건이 성취된 것으로 의제되는 시점은 이러한 신의성실에 반하는 행위가 없었더라면 조건이 성취되었으리라고 추산되는 시점이다(대판 1998.12.22, 98다42356).

11. ③ 　　　　　　　　　　　　　　　　　　　난이도 中

ㄴ. 필요비와 유익비 모두 점유자가 점유물을 반환할 때에 그 상환을 청구할 수 있다.
ㄹ. 악의의 점유자는 자주점유이든 타주점유이든 손해 전부를 배상해야 한다.

12. ⑤ 　　　　　　　　　　　　　　　　　　　난이도 中

⑤ 부동산의 일부 공유지분에 관하여 저당권이 설정된 후 부동산이 분할된 경우, 그 저당권은 분할된 각 부동산 위에 종전의 지분비율대로 존속하고, 근저당권설정자 앞으로 분할된 부분에 당연히 집중되는 것은 아니다(대판 2012.3.29, 2011다74932).

13. ③ 　　　　　　　　　　　　　　　　　　　난이도 中

③ 미등기매수인 丙은 아직 소유권을 취득하지 못한 상태이므로, 제3자에 대하여 소유권에 기한 물권적 청구권을 행사할 수 없다.

14. ① 난이도 下
① 매매를 원인으로 한 법원의 이행판결에 의한 소유권의 이전은 등기를 하여야 물권변동의 효력이 발생한다.

15. ② 난이도 上
ㄱ. 미등기 부동산의 경우에도 점유취득시효기간의 완성만으로 등기 없이도 점유자가 소유권을 취득한다고 볼 수 없다(대판 2006.9.28, 2006다22074).
ㄷ. 명의신탁된 부동산에 대하여 점유취득시효가 완성된 후 시효취득자가 그 소유권이전등기를 경료하기 전에 명의신탁이 해지되어 그 등기명의가 명의수탁자로부터 명의신탁자에게로 이전된 경우에는 명의신탁의 취지에 따라 대외적 관계에서는 등기명의자만이 소유자로 취급되고 시효완성 당시 시효취득자에게 져야 할 등기의무도 명의수탁자에게만 있을 뿐이므로 그 명의신탁자는 취득시효완성 후에 소유권을 취득한 자에 해당하여 그에 대하여 취득시효를 주장할 수 없다(대판 2001.10.26, 2000다8861).

16. ③ 난이도 中
ㄴ. 건물 철거를 실행하기 위해서 토지소유자는 자신의 소유권에 기한 방해배제로서 건물임차인, 건물전세권자, 건물유치권자에 대하여 건물로부터 퇴거할 것을 청구할 수 있다(대판 2010.8.19, 2010다43801).
ㄷ. 丁명의로 이전등기가 없더라도 丁에게 건물에 대한 철거처분권이 있으므로, 甲은 丁을 상대로 철거를 청구할 수 있다.

17. ④ 난이도 上
④ 경매가 실행되면 저당권은 소멸하므로, 임차권은 혼동으로 소멸한다.
① 점유권은 혼동에 의해 소멸하지 않는다.
② 전세권에 저당권이 설정된 경우, 전세목적물에 대한 소유권과 전세권이 동일인에게 귀속되더라도 전세권은 혼동에 의해 소멸하지 않는다.
③ 후순위저당권이 존재하고 있기 때문에 선순위저당권자은 혼동으로 소멸하지 않는다.
⑤ 유치권자가 유치권 성립 후에 이를 포기하는 의사표시를 한 경우에는 점유를 반환하지 않더라도 유치권은 소멸한다.

18. ④ 난이도 中
① 점유매개자의 점유는 타주점유이다.
② 매수인이 착오로 인접 토지의 일부를 그가 매수·취득한 토지에 속하는 것으로 믿고 점유한 경우, 그 인접 토지의 점유방법이 분묘를 설치·관리하는 것이라 하여 매수인의 점유가 타주점유로 되는 것은 아니다(대판 2007.6.14, 2006다84423).
③ 점유자가 스스로 매매 등과 같은 자주점유의 권원을 주장하였으나 이것이 인정되지 않는 경우에도 그 이유만으로는 자주점유의 추정이 깨어지지 않는다(대판 2003.8.22, 2001다23225).
⑤ 점유의 시초에 자신의 토지에 인접한 타인 소유의 토지를 자신 소유의 토지의 일부로 알고서 이를 점유하게 된 자는 나중에 그 토지가 자신 소유의 토지가 아니라는 점을 알게 되었다고 하더라도 그러한 사정만으로 그 점유가 타주점유로 전환되는 것은 아니다(대판 2001.5.29, 2001다5913).

19. ① 난이도 中
① 토지의 분할 및 일부양도로 인한 무상의 주위통행권은 포위된 토지 또는 피통행지의 특정승계인에게 승계되지 않는다.

20. ② 난이도 中
① 건물에 대한 전세권이 법정갱신된 경우, 존속기간은 정함이 없는 것으로 본다.
③ 건물의 일부에 전세권이 설정된 경우, 전세권의 목적물이 아닌 나머지 부분에 대해서는 경매를 신청할 수 없다.
④ 전세권이 성립한 후 목적물의 소유권이 이전되는 경우, 전세금반환의무는 신소유자에게 승계되므로 구소유자의 전세금반환의무는 소멸한다.
⑤ 전세권이 존속하는 동안은 전세권을 존속시키기로 하면서 전세금반환채권만을 전세권과 분리하여 확정적으로 양도하는 것은 허용되지 않는다.

21. ③ 난이도 中
③ 강제경매의 경우, 관습법상 법정지상권이 성립하는가 하는 문제에 있어서는 그 매수인이 소유권을 취득하는 매각대금의 완납시가 아니라 그 압류의 효력이 발생하는 때를 기준으로 토지와 그 지상건물이 동일인에 속하였는지를 판단하여야 한다.

22. ⑤ 난이도 中
① 요역지는 반드시 1필이어야 하므로, 토지의 일부를 위하여 지역권을 설정할 수 없다.
② 지역권은 독립하여 양도할 수 없는 물권이다.
③ 지역권은 유상으로 하거나 무상으로 하거나 무방하다.
④ 통행지역권은 요역지의 소유자가 승역지 상에 통로를 개설한 경우에 한하여 시효취득할 수 있다.

23. ② 난이도 上
ㄱ. 저당부동산에 대한 압류가 있기 전에 저당권설정자가 수취한 과실에는 저당권의 효력은 미치지 않는다.
ㄷ. 주물의 소유자나 이용자의 상용에 공여되고 있더라도 주물 그 자체의 효용과는 직접 관계 없는 물건은 종물이 아니다(대판 1985.3.26, 84다카269). 따라서 주물 그 자체의 효용과는 직접 관계 없다면 주물 소유자의 상용에 공여되고 있더라도 종물이 아니어서 저당권의 효력이 미치지 아니하므로, 이러한 물건이 경매목적물로 평가되었더라도 경매의 매수인이 소유권을 취득하지 못한다.

24. ④ 난이도 中
① 근저당권의 피담보채권이 확정되기 전에 그 채권의 일부를 양도하거나 대위변제한 경우, 근저당권이 양수인이나 대위변제자에게 이전할 여지는 없다(대판 2002.7.26, 2001다53929).
② 존속기간이나 결산기의 정함이 없는 때에는 근저당권설정자는 근저당권자를 상대로 언제든지 해지의 의사표시를 함으로써 피담보채무를 확정시킬 수 있다(대판 2002.5.24, 2002다7176).
③ 후순위 근저당권자가 경매를 신청한 경우 선순위 근저당권의 피담보채권은 경락인이 경락대금을 완납한 때에 확정된다(대판 1999.9.21, 99다26085).
⑤ 공동근저당권자가 목적 부동산 중 일부 부동산에 대하여 제3자가 신청한 경매절차에 소극적으로 참가하여 우선배당을 받은 경우, 해당 부동산에 관한 근저당권의 피담보채권은 그 근저당권이 소멸하는 시기, 즉 매수인이 매각대금을 지급한 때에 확정되지만, 나머지 목적 부동산에 관한 근저당권의 피담보채권은 기본거래가 종료하거나 채무자나 물상보증인에 대하여 파산이 선고되는 등의 다른 확정사유가 발생하지 아니하는 한 확정되지 아니한다(대판 2017.9.21, 2015다50637).

25. ①　　　　　　　　　　　　　　　　　　　난이도 上
ㄴ. 수급인이 경매개시결정의 기입등기 전에 채무자로부터 건물의 점유를 이전받았더라도, 경매개시결정의 기입등기 후에 공사대금채권을 취득한 경우에는, 경매개시결정의 기입등기 후에 성립한 유치권이므로 수급인은 유치권을 경락인에게 주장할 수 없다.
ㄷ. 민법 제367조에 의한 우선상환은 제3취득자가 경매절차에서 배당받는 방법으로 민법 제203조 제1항, 제2항에서 규정한 비용에 관하여 경매절차의 매각대금에서 우선변제받을 수 있다는 것이지 이를 근거로 제3취득자가 직접 저당권설정자, 저당권자 또는 경매절차 매수인 등에 대하여 비용환상을 청구할 수 있는 권리가 인정될 수 없다. 따라서 제3취득자는 민법 제367조에 의한 비용상환청구권을 피담보채권으로 주장하면서 유치권을 행사할 수 없다(대판 2023.7.13, 2022다265093).

26. ④　　　　　　　　　　　　　　　　　　　난이도 中
④ 매도인이 환매기간 내에 환매의 의사표시를 하였더라도 그 환매에 의한 권리취득의 등기를 하지 않으면 그 부동산을 가압류 집행한 자에 대하여 권리취득을 주장할 수 없다.

27. ②　　　　　　　　　　　　　　　　　　　난이도 中
② 낙약자는 요약자와의 계약에서 발생한 항변으로 수익자에게 대항할 수 있다.

28. ②　　　　　　　　　　　　　　　　　　　난이도 中
ㄷ. 채권자의 수령지체 중에 이행불능이 된 경우, 채무자는 자기 채무를 면하면서 얻은 이익이 있으면 이를 채권자에게 상환해야 한다.

29. ⑤　　　　　　　　　　　　　　　　　　　난이도 中
⑤ 동시이행항변권이 있는 자는 동시이행항변권을 행사하지 않더라도 지체책임을 지지 않는다(대판 1998.3.13, 97다54604).

30. ①　　　　　　　　　　　　　　　　　　　난이도 中
ㄷ. 관습에 의하여 승낙의 의사표시가 필요하지 아니한 경우, 계약은 승낙의 의사표시로 인정되는 사실이 있는 때에 성립한다.
ㄹ. 예약완결권은 당사자 사이에 그 행사기간을 약정한 때에는 그 기간 내에 행사하여야 하며, 기간약정이 없는 때에는 그 예약이 성립한 때로부터 10년 내에 행사해야 하고, 그 기간이 지난 때에는 상대방이 예약 목적물인 부동산을 인도받은 경우라도 예약완결권은 제척기간의 경과로 소멸한다(대판 1997.7.25, 96다47494).

31. ①　　　　　　　　　　　　　　　　　　　난이도 中
① 전부타인권리매매의 경우, 악의의 매수인도 계약을 해제할 수 있다.

32. ⑤　　　　　　　　　　　　　　　　　　　난이도 中
① 임차인이 지상물만을 타인에게 양도하였다면 그 임차인은 지상물매수청구권을 행사할 수 없다.
② 임차인의 비용상환청구에 관한 규정은 임의규정이다. 따라서 임차인의 필요비상환청구권을 포기하기로 하는 약정은 임차인에게 불리하더라도 유효이다.
③ 부속된 물건이 건물의 객관적 편익이 아니라 오로지 임차인의 특수목적에 사용하기 위하여 부속된 것인 경우에는 부속물매수청구권을 행사할 수 없다.
④ 보증금은 연체차임 등을 담보하는 기능을 한다. 보증금반환채권이 임차인의 채권자에 의하여 압류되고 전부되었더라도 여전히 담보적 기능을 하기 때문에 임대인은 임차인의 연체차임을 보증금에서 공제할 수 있다.

33. ③　　　　　　　　　　　　　　　　　　　난이도 中
ㄱ. 무단양도계약은 유효이다.
ㄹ. 임차인의 채무불이행으로 임대차계약이 해지된 경우에는 임차인은 임대인에게 매수청구권을 행사할 수 없다.

34. ④　　　　　　　　　　　　　　　　　　　난이도 上
ㄱ. 乙이 잔금을 지급하지 않은 경우, 甲은 상당한 기간을 정하여 최고한 후에 계약을 해제할 수 있다.

35. ②　　　　　　　　　　　　　　　　　　　난이도 下
② 공용부분에 관한 물권의 득실변경은 등기를 요하지 아니한다.

36. ④　　　　　　　　　　　　　　　　　　　난이도 中
④ 특별한 사정이 없는 한, 목적부동산에 대한 사용수익권(과실수취권)은 양도담보권설정자(소유자)에게 있으므로, 양도담보권자는 임료 상당의 손해배상이나 부당이득반환청구를 할 수 없다(대판 2008.2.28, 2007다37394·37400).

37. ⑤　　　　　　　　　　　　　　　　　　　난이도 中
ㄴ. 임대인은 해지통고를 할 수 없으나 임차인은 해지통고를 할 수 있다.

38. ③　　　　　　　　　　　　　　　　　　　난이도 中
③ 대지와 주택이 동일인 소유였다가 대지만을 제3자에게 매도한 뒤 그 대지가 경매되는 경우에도 임차인은 대지의 환가대금에서 최우선변제를 받을 수 있다.

39. ②　　　　　　　　　　　　　　　　　　　난이도 中
② 최초의 임대차기간을 포함한 전체 임대차기간이 10년을 초과하여 임차인이 계약갱신요구권을 행사할 수 없는 경우에도 임대인은 권리금회수기회 보호의무를 부담한다고 보아야 한다(대판 2019.5.16, 2017다225312).

40. ①　　　　　　　　　　　　　　　　　　　난이도 下
② 명의신탁약정이 무효인 경우, 신탁자는 명의신탁약정(무효)의 해지를 원인으로 한 소유권이전등기를 청구할 수는 없고, 소유권에 기한 방해배제청구권을 행사하여 수탁자 명의의 등기말소를 청구하거나 진정명의회복을 원인으로 하는 소유권이전등기를 청구할 수 있다.
③ 명의신탁약정의 무효는 수탁자로부터 그 부동산을 취득한 악의의 제3자에게 대항할 수 없다.
④ 부동산경매절차에서 명의신탁관계가 성립한 경우, 경매목적물의 소유자가 명의신탁사실을 알았더라도 수탁자는 유효하게 소유권을 취득한다.
⑤ 신탁자와 수탁자가 혼인하면 혼인한 때로부터 명의신탁은 유효하게 된다.